# はじめに

かつては多くの知識と、正確で速い計算力が求められていました。ところが、今や知識と計算はコンピュータの仕事となり、最後に残されたのは言葉の力だけになりました。コンピュータを動かすのも、プログラミングも、人工知能も、すべては言葉の論理的な使い方なのです。

特に小学生の頃は言葉の使い方を習得するための、非常に大切な時期です。そのときに子どもたちにどのような言葉の与え方をするのかが、後の子どもたちの人生に大きく影響します。

本書に掲載《けいさい》された文章はどれも論理的に書かれたものばかりです。それなのに、筆者の立てた筋道（論理）を無視して、自分勝手に読み、行き当たりばったり設問を解いたところで、何の意味もありません。文章を論理的に読むことで、初めて子どもたちに論理の力が芽生えてくるのです。

論理力は単に国語だけでなく、あらゆる教科の土台となる力であり、さらには生涯《しょうがい》の武器ともなる大切な力です。これを鍛《きた》えることにより、新しい時代に立ち向かう強力な武器を手に入れてください。

小学生の時期は子ども自身が教育を選ぶことはできません。子どもたちにどのような教育を選択《せんたく》するのかは保護者のみなさまですが、その結果は子どもたちの生涯にわたって、子どもたち自身が負うことになります。だからこそ、「ドリルの王様」を活用して、「論理力」を高めていってほしいのです。

出口《でぐち》 汪《ひろし》

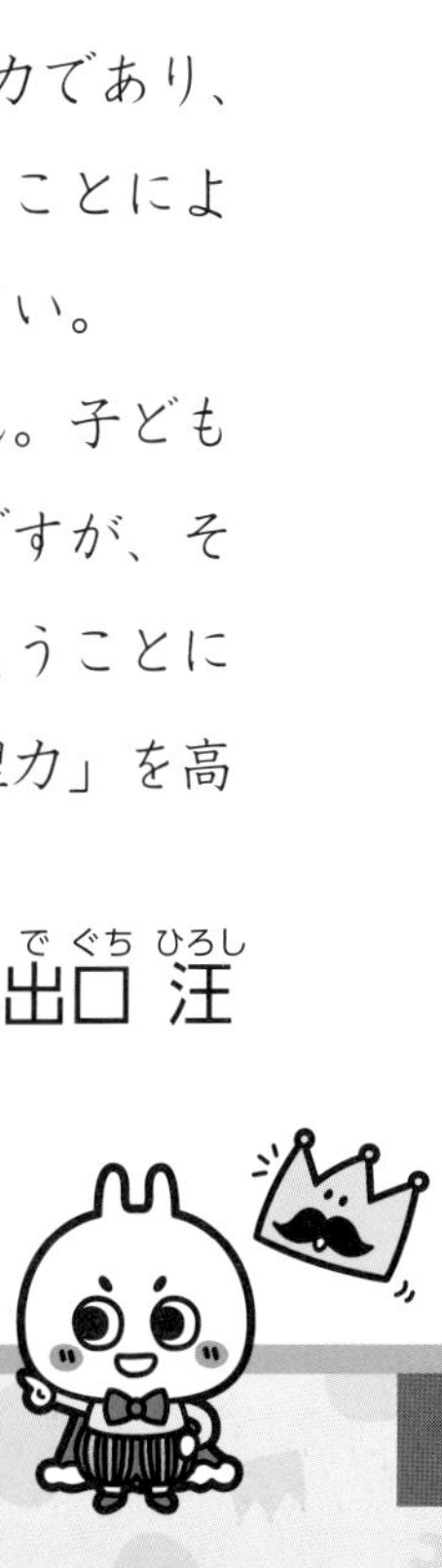

# ドリルじいのアドバイス

問題《もんだい》に取《と》り組む前に、おうちの人といっしょに読もう。

## 1 元気よく、音読をしよう！

できるだけ声に出して読もう。声の大きさや間《ま》の取り方、読むときのしせいに注意《ちゅうい》しよう。

## 2 話のすじみちを考えて読もう！

この本では、物語《ものがたり》 せつ明文 詩《し》の３つの文章《しょう》が出てくるよ。それぞれに読み方のポイントがあるからおぼえよう。

### 物語

**登場人物《とうじょうじんぶつ》をたしかめよう！**

話のなかに出てくる人物や動物《どうぶつ》に注目《ちゅうもく》しよう。

**場面の様子《ようす》を読み取ろう！**

時間を表《あらわ》す言葉《ことば》を見つけよう！

（明日　朝から　二時まで　夜おそく　など）

場所《ばしょ》を表す言葉に気をつけよう！

（学校で　公園に　木の下　川の近く　など）

**人物の気持ちや様子をおさえよう！**

登場人物の気持ちや様子をおさえよう。どのようにかわっていくかも読み取ろう。

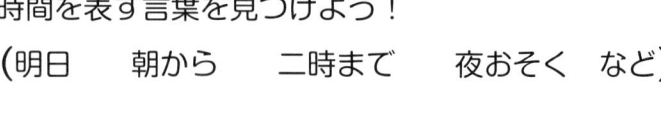

## せつ明文

### 何についてのせつ明かを読み取ろう！

文章は何について書かれたことなのかを読み取ろう。

### せつ明のじゅんじょをつかもう！

じゅんじょを表す言葉に注目しよう。
（まず　　つぎに　　さいごに　　それから　など）

### 大切なところをたしかめよう！

文章をとおして筆者が言いたいこと（大切なところ）を読み取ろう。

## 詩

### 気持ちや様子を表す言葉に注目しよう！

詩のなかで使われている気持ちや様子を表す言葉をおさえよう。

### リズムよく読もう！

くり返し使われている言葉やおもしろい言葉に注意してリズムよく音読をしよう。

## 3 読んだことを調べよう！おうちの人に話そう！

問題をやり終えたら、読んで知ったことや覚えたことを、さらにくわしく調べてみよう。おうちの人にも話してみよう。

# もくじ　3年の文章読解


1 場面の様子を読み取る ① …… 5
2 場面の様子を読み取る ② …… 7
3 場面の様子を読み取る ③ …… 9
4 あらすじと場面を読み取る ① …… 11
5 あらすじと場面を読み取る ② …… 13
6 あらすじと場面を読み取る ③ …… 15
7 まとめのテスト …… 17
8 話題と内ようを読み取る ① …… 19
9 話題と内ようを読み取る ② …… 21
10 組み立てとじゅんじょを読み取る ① …… 23
11 組み立てとじゅんじょを読み取る ② …… 25
12 まとめのテスト …… 27
13 人物の行動を読み取る ① …… 29
14 人物の行動を読み取る ② …… 31
15 人物の行動を読み取る ③ …… 33
16 人物の行動を読み取る ④ …… 35
17 まとめのテスト …… 37
18 つなぐ言葉を読み取る ① …… 39
19 つなぐ言葉を読み取る ② …… 41
20 さししめす言葉を読み取る ① …… 43
21 さししめす言葉を読み取る ② …… 45
22 まとめのテスト …… 47
23 人物とその気持ちを読み取る ① …… 49
24 人物とその気持ちを読み取る ② …… 51
25 人物とその気持ちを読み取る ③ …… 53
26 人物とその気持ちを読み取る ④ …… 55
27 まとめのテスト …… 57
28 要点を読み取る ① …… 59
29 要点を読み取る ② …… 61
30 要点を読み取る ③ …… 63
31 要点を読み取る ④ …… 65
32 まとめのテスト …… 67
33 様子や気持ちを読み取る ① …… 69
34 様子や気持ちを読み取る ② …… 71
35 様子や気持ちを読み取る ③ …… 73
36 まとめのテスト …… 75
37 仕上げのテスト1 …… 77
38 仕上げのテスト2 …… 79
39 仕上げのテスト3 …… 81
40 仕上げのテスト4 …… 83
41 仕上げのテスト5 …… 85
答え …… 87

きほんのドリル　物語

# 1 場面の様子を読み取る ①

| 月　日 | 時　分〜　時　分 |
| --- | --- |
| 名前 | 点 |

❶ 次《つぎ》の文章《しょう》を読んで、下の問題《もんだい》に答えましょう。

風のきょうだい
はたらきものさ
みんなで運《はこ》ぶよ
においも　わた毛も

（あれっ？）

カゼイチくんは、ぴたりと止まりました。いっしょに春のにおいを集《あつ》めていた、風のきょうだいがいません。

「さっきまで、川の上だったのに。」

山から、きらきら光る川にそって、風のきょうだいみんなで来たのです。

カゼイチくんは、くるくる回りながら、高く、高く、空にのぼりました。

「ぜんぶ、なの花畑《はなばたけ》。川はどこだろう。」

カゼイチくんは、きらきら光る、細長いものを、さがしました。

① カゼイチくんが、さっきまでいっしょだったのは、だれですか。　10点

（風のきょうだい）

カゼイチくんも、その一人だよ。

② カゼイチくんは、何を集めていますか。　15点

（　　　　　　）。

③ 「カゼイチくんは、……空にのぼりました。」とありますが、このとき、カゼイチくんは、何の上にいましたか。　15点

（　　　　　　）の上。

④ カゼイチくんは、どんな様子《ようす》のものをさがしましたか。合うものに○をつけましょう。　10点

㋐（　）そよそよ動《うご》く、黄色いもの。
㋑（　）くるくる回る、丸いもの。
㋒（　）きらきら光る、細長いもの。

50点

**おうちの方へ**

**めざせ！論理力の王様**

場面を読み取る前に、まずは物語の「設定」を押さえましょう。「設定」とは、「いつ（時）」「どこで（場所）」「だれが（登場人物）」のことを指します。「いつの話かな？」のように、お子さんに問いかけてみてください。

**2** 次《つぎ》の文章《しょう》を読んで、下の問題《もんだい》に答えましょう。

風のきょうだい
いたずらものさ
みんなでとばすよ
木の実《み》や　花びら

カゼイチくんは、風のきょうだいにとどくように、大きな声で歌いました。

「みんなを、見つけなきゃ。」

カゼイチくんは、きらきら光るレールの上をとびつづけました。一両《りょう》だけの、緑色《みどりいろ》の電車が走っています。

カゼイチくんは、電車のこっちのまどから、あっちのまどへ、そっと通りぬけてみました。電車の中のみんなが、カゼイチくんの方を向《む》きます。

「花のにおいだ！」

しかし、風のきょうだいはいません。

50点（一つ10）

① カゼイチくんは、だれにとどくように、大きな声で歌ったのですか。

（　　　　　　）

② カゼイチくんは、何の上をとびつづけましたか。

きらきら光る（　　　　　　）の上。

③ カゼイチくんが、電車のまどからまどへ通りぬけたのは、なぜですか。

㋐（　）いたずらのたねをさがすため。
㋑（　）風のきょうだいをさがすため。
㋒（　）花のにおいをさがすため。

④ 「そっと」は、どんな様子《ようす》ですか。

㋐（　）しずかな様子。
㋑（　）あわてる様子。
㋒（　）すばやい様子。

⑤ 「花のにおい」を運《はこ》んだのは、だれですか。

（　　　　　　）



**２**③さいごの文に、注目《ちゅうもく》しよう。

月　日　時　分〜　時　分
名前
点

❶ 次《つぎ》の文章《しょう》を読んで、下の問題《もんだい》に答えましょう。

ルルちゃんは、しょっちゅうボタンをなくします。

今日《きょう》も、原っぱをぬけて帰ろうとしたら、もう、そでのボタンのかたほうが、なくなっていました。でも、広い広い、クローバーの原っぱです。ルルちゃんは、

「むり、見つかりっこない。」

と、あっさりあきらめました。

しょっちゅうボタンをなくすルルちゃんには、つごうのいいおばさんが、一人いるのです。ボタン集《あつ》めがしゅみの、ソノおばさん。
ルルちゃんよりも小さなときから集め始《はじ》めたボタンを、ソノおばさんは、たないっぱいの小引き出しに、どっさりしまっています。

40点

① ルルちゃんが、今日、なくしたものはなんですか。 10点
（そでのボタンのかたほう）。

② ルルちゃんが、なくしたものをあきらめたのは、クローバーの原っぱが、どんな場所《ばしょ》だからですか。 15点
（　　　　）場所だから。

③ ソノおばさんが、たないっぱいの小引き出しに、どっさりボタンを持《も》っているのは、なぜですか。合うものに○をつけましょう。 15点
㋐（　）ボタン屋さんだったから。

㋑（　）ボタン集めがしゅみだから。

㋒（　）ボタンを人にあげたいから。


小さなときから、たくさん集めていたんだね。

## おうちの方へ

物語の設定を確認したら、次に「出来事」を確認します。物語では、「クライマックスとなる場面（山場）」に向かって話が進みますが、そのきっかけとなる出来事が前半に書かれています。「どんなことが起きたのか」を確認しましょう。

## ❷ 次《つぎ》の文章《しょう》を読んで、下の問題《もんだい》に答えましょう。

「右から十番め、上から七番めね。」

ソノおばさんは、ルルちゃんの左そでにのこっている□のボタンを見て、たなを指《ゆび》さしました。

ルルちゃんは、イチ、ニ、サン……と数えて、おばさんの言った引き出しを引っぱりました。うすいピンク、こいピンク、小さなピンク、大きなピンク、ピンクのボタンの山です。

「どうしてボタンを集《あつ》めるの？」

ルルちゃんは、ずっと知りたかったことを、聞いてみました。

「むかしなくしたボタンを、ずっとさがしているの。」

ソノおばさんは、少しはずかしそうに、ほっぺを赤くして教えてくれました。

60点

① 「右から十番め、上から七番め」という言い方から、どんな引き出しの様子《ようす》がわかりますか。合うものに○をつけましょう。 10点

㋐（　）形が四角い様子。

㋑（　）色が同じ様子。

㋒（　）数が多い様子。

② □に入る色の名前は、なんですか。 15点

（　　　　）

③ 「どうしてボタンを集めるの？」は、だれに聞いている言葉《ことば》ですか。 15点

（　　　　）

④ ソノおばさんがさがしているものは、なんですか。 20点

（　　　　）。



❷ ②ルルちゃんが引っぱった引き出しに入っていたボタンの色を答えよう。

# 場面の様子を読み取る ③

月　日　時　分〜　時　分
名前　　点

❶ 次《つぎ》の文章《しょう》を読んで、下の問題《もんだい》に答えましょう。

　きつつきは、野うさぎをつれて、ぶなの森にやって来ました。

　それから、野うさぎを、大きなぶなの木の下に立たせると、自分は、木のてっぺん近くのみきに止まりました。

「さあ、いきますよ、いいですか。」

　きつつきは、木の上から声をかけました。

　野うさぎは、きつつきを見上げて、こっくりうなずきました。

「では。」

　きつつきは、ぶなの木のみきを、くちばしで力いっぱいたたきました。

　コーン。

　ぶなの木の音が、ぶなの森にこだましました。

　野うさぎは、きつつきを見上げたまま、だまって聞いていました。

　きつつきも、うっとり聞いていました。

林原　玉枝「きつつきの商売」　令和2年度版　光村図書「国語　三上　わかば」より

① きつつきは、野うさぎをどこに立たせましたか。　10点

（大きなぶなの木の下）。

② 「コーン。」とありますが、なんの音ですか。　15点（一つ5）

（　　　）が（　　　）で（　　　）をたたいた音。

③ 「コーン。」という音がどのようにひびいたかがわかる文をさがし、はじめの五字を書きましょう。　15点

□□□□□

④ きつつきは、どのような様子《ようす》で音を聞いていましたか。　10点

（　　　）聞いていた。

50点

**おうちの方へ**

**めざせ！論理力の王様**

場面の様子を読み取るうえで、「登場人物」の確認は重要です。「登場人物」とは、物語に出てくる人物のことを指しますが、人間以外にも、動物や植物の場合もあります。登場人物の気持ちや行動に注目しましょう。

## 2 次《つぎ》の文章《しょう》を読んで、下の問《もん》題《だい》に答えましょう。

50点

「さあさあ、しずかにしなさい。おとやさんの、とくとく、とくべつメニューなんだから。」

野ねずみは、野ねずみのおくさんと二人で、ぺちゃくちゃ言ってる子どもたちを、どうにかだまらせてから、きつつきをふりかえって言いました。

「さあ、おねがいいたします。」

「かしこまりました。」

葉《は》っぱのかさをさした十ぴきの子ねずみたちは、きらきらしたきれいな目を、そろってきつつきにむけました。

「さあ、いいですか。今日《きょう》だけのとくべつな音です。お口をとじて、目をとじて、聞いてください。」

みんなは、しいんとだまって、目をとじました。

林原 玉枝「きつつきの商売」令和2年度版 光村図書「国語 三上 わかば」より

① 野ねずみたちは、何を聞こうとしていますか。合うものに○をつけましょう。 10点

ア（　）ぺちゃくちゃ言っている、子ねずみたちのおしゃべり。

イ（　）きつつきのきれいな歌声。

ウ（　）おとやさんの、とくとく、とくべつメニュー。

② 「葉っぱのかさを……むけました。」とありますが、このとき、子ねずみたちはどんな気《き》持《も》ちだったでしょう。合うものに○をつけましょう。 20点

ア（　）待《ま》ちくたびれてしまった。

イ（　）早くとくべつな音が聞きたい。

ウ（　）本当に聞こえるのか心配《しんぱい》だ。

③ 野ねずみたちは、どんな様子《ようす》で音を聞こうとしていましたか。 20点

みんな、（　　　　）音を聞こうとしていた。



２③野ねずみたちは、きつつきの言ったとおりにしているんだね。

# 4 あらすじと場面を読み取る ①

| 月 | 日 | 時 | 分〜 | 時 | 分 |
| --- | --- | --- | --- | --- | --- |
| 名前 | | | | | 点 |

**1** 次《つぎ》の文章《しょう》を読んで、下の問題《もんだい》に答えましょう。

りょう理がとくいな
ハルばあちゃんは、
せんたくが苦手《にがて》。
いいにおいの台所《だいどころ》のすみに、
山もりのせんたくかごがあります。

□が大すきな
ナツばあちゃんは、
りょう理がきらい。
ぴかぴかのテーブルの上に、
ひからびたカチカチのパンがあります。

せんたく名人の
アキばあちゃんは、
そうじがへたくそ。
まっ白なカーテンのまん中には、
大きなくものすがあります。

50点

① ハルばあちゃんは、何がとくいで、何が苦手ですか。　20点（一つ10）

・（　　　　）がとくい。
・（　　　　）が苦手。

② □には、どんな言葉《ことば》が入りますか。合うものに○をつけましょう。　15点

㋐（　）せんたく
㋑（　）さいほう
㋒（　）そうじ

テーブルが「ぴかぴか」になっているよ。

③ アキばあちゃんの、そうじがへたくそなところは、何からわかりますか。　15点

・カーテンのまん中の、
大きな（　　　　）。

**おうちの方へ**

**めざせ！論理力の王様**

登場人物の「人物像」を押さえ、話のあらすじを理解しましょう。「人物像」とは、人物の性格や見た目、周囲の人間関係などをいいます。物語の前後半で、人物像が変化することもあるので注意しましょう。

**2** 次《つぎ》の文章《しょう》を読んで、下の問題《もんだい》に答えましょう。

50点

目ざめたとたん、ハルばあちゃんは、せんたくものをかごごと川にぶら下げようと思いつきました。

かごをせおって、えっちらおっちら、川に向《む》かいます。

ナツばあちゃんは、川岸《かわぎし》の野いちごを朝ごはんに食べようと思いつきました。
手かごを持《も》って、ぶんぶんゆらしながら、川に向かいます。

アキばあちゃんは、まどを開《あ》けて外へ出ました。そうじは朝の風にまかせて、さんぽに行くことにしたのです。
ぼうしをかぶって、□川に向かいます。

① ハルばあちゃんが、「せんたくものをかごごと川にぶら下げよう」と思いついたのは、いつですか。 15点

（　　　　　　）とき。

② ナツばあちゃんは、朝ごはんに何を食べようと思いつきましたか。 15点

（　　　　　　）

③ アキばあちゃんは、何にそうじをまかせることにしましたか。 10点

（　　　　　　）

④ □に入る言葉《ことば》に、○をつけましょう。 10点

㋐（　）ぽとぽと　㋑（　）てくてく

㋒（　）くるくる



**2** ④川に向かって歩く様子《ようす》を表《あらわ》すのは、どんな言葉かな。

# あらすじと場面を読み取る　②

月　日　時　分～　時　分
名前
点

**1** 次《つぎ》の文章《しょう》を読んで、下の問題《もんだい》に答えましょう。

サヤは、今日《きょう》も、中央《ちゅうおう》図書館《としょかん》のかいだんの広いおどり場にいます。サヤは、ここにある長いいすで本を読むのが大すきでした。

図書館のかいだんは、いろんな人が、だまって通っていきます。にぎやかなのに、しずかな場所《ばしょ》です。

そこへ、いつもの、白ひげのおじいさんが、手すりにつかまって、ゆっくりのぼってきました。

サヤは、ときどき、そのおじいさんは、自分にしか見えないのではないかと思います。だれも気にかけないけれど、おじいさんが通ると、みんながやさしいえがおになるので、サヤは、心の中で、「図書館の神様《かみさま》」とよんでいます。

50点

① サヤは、どこで本を読むのがすきですか。　15点（一つ5）

中央図書館の（　　　）の、広い（　　　）にある（　　　）。

② 白ひげのおじいさんのことを、サヤは、どんなふうに想《そう》ぞうしていますか。合うもの二つに○をつけましょう。　20点（一つ10）

㋐（　）かいだんに住《す》んでいる。
㋑（　）自分にしか見えない。
㋒（　）人をやさしくさせる。

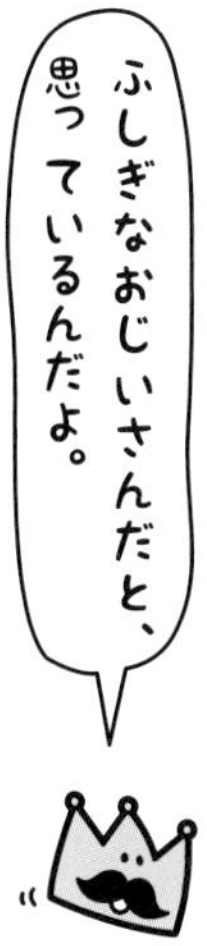


③ 白ひげのおじいさんを、サヤは、心の中で、なんとよんでいますか。　15点

（　　　）。

## おうちの方へ

## めざせ！論理力の王様

物語のだいたいの筋道のことを「あらすじ」といいます。「どのような設定か（いつ、どこで、だれが…）」「どのようなことが起きたか」などに注目し、簡単なあらすじを説明できるようになりましょう。

**2** 次《つぎ》の文章《しょう》を読んで、下の問題《もんだい》に答えましょう。

パイナップル公園は、十人も来れば、いっぱいになってしまうような、小さな公園だ。アッキーたちが、いつものように遊《あそ》びに行くと、パイナップルトンネルのところに、見なれない五人組がいた。

アッキーは、五人組のリーダーらしい、せの高い少年を、にらみつけた。

さか立ちでトンネルをぬけられたら、公園に出入りしてもいい。アッキーたちの出したじょうけんだ。

「できる、できる、できる！」

「がんばれ、ダイスケ！」

ダイスケは、□ゆれて、でも、まったくたおれそうもない。

50点

① アッキーたちは、どこに遊びに行きましたか。 10点

（　　　　）

② アッキーが、五人組のリーダーだと思ったのは、どんな少年ですか。 15点

（　　　　）少年。

③ ダイスケたちが公園に出入りするためのじょうけんは、何ですか。 15点

（　　　　）でトンネルをぬけること。

④ □に入る言葉《ことば》に、○をつけましょう。 10点

ア（　）ごとんごとん

イ（　）のっしのっし

ウ（　）ふらりふらり

**2** ④ゆれる様子《ようす》を表《あらわ》す言葉をえらぼう。

| 月 | 日 | 時 | 分～ | 時 | 分 |
|---|---|---|---|---|---|
| 名前 | | | | | 点 |

**1** 次《つぎ》の文章《ぶんしょう》を読んで、下の問題《もんだい》に答えましょう。 50点

ベランダに、せんたくものが、ほしてあります。

「ねえ、赤ちゃんくつ下が落《お》ちそうよ。」

「せんたくばさみがゆるんでるんだ。」

お母さんエプロンと、お父さんシャツが、心配《しんぱい》そうに、ゆらゆらとゆれました。

風が強くなり、くつ下リングが、くるくる回り出しました。赤ちゃんくつ下は、ハンカチたちといっしょにわらっています。でも、とばされそう。
お母さんエプロンは、ふわっとふくらみました。赤ちゃんくつ下を、ひもでからめとるつもりです。
「うーん、とどかない！」

① 「赤ちゃんくつ下が落ちそう」なのは、なぜですか。 10点

（　　　　）が、ゆるんでいるから。

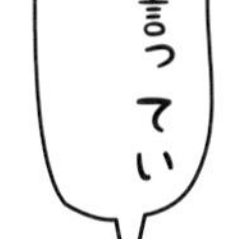


② くつ下リングがくるくる回るのを、赤ちゃんくつ下は、どう感《かん》じているでしょう。合うものに〇をつけましょう。 20点

㋐（　）びくびくしている。

㋑（　）ぷんぷんしている。

㋒（　）わくわくしている。

③ 「赤ちゃんくつ下を、ひもでからめとるつもり」だったのは、だれですか。 20点

（　　　　）

**おうちの方へ**

物語の基本構成に「起承転結」があります。この構成は「①設定が説明される場面→②出来事が起こる場面→③山場となる場面→④後ばなしとなる場面」の四つの場面からなります。基本構成を理解しましょう。

## 2 次《つぎ》の文章《しょう》を読んで、下の問題《もんだい》に答えましょう。

50点

「キャーッ。」

お母さんエプロンとお父さんシャツが、強い風でからまってしまいました。

でも、お母さんエプロンがさけんだのは、からまったせいではありません。赤ちゃんくつ下が、せんたくばさみからはずれたからです。

赤ちゃんくつ下の、フニャニャとよろこぶ声がします。お母さんエプロンがこわごわのぞくと、植木《うえき》ばちのミニばらにひっかかっているじゃありませんか。

「あぶなかったな……。」□と、風をおいはらってくれたのは、バスタオルおじさんでした。

① からまってしまったのは、だれとだれですか。二人書きましょう。　20点（一つ10）

（　　　　・　　　　）（　　　　・　　　　）

② 「赤ちゃんくつ下が、せんたくばさみからはずれた」のは、なんのせいですか。　10点

（　　　　　　　　）のせい。

③ 赤ちゃんくつ下は、何にひっかかっていましたか。　10点

（　　　　　　　　）。

④ □に入る言葉《ことば》に、○をつけましょう。　10点

㋐（　）ドタンバタン
㋑（　）バッサバッサ
㋒（　）ザックザック

2 ② ①の二人がからまってしまったのと、同じ理由《ゆう》だよ。

# 7 まとめのテスト

月　日　目標《もくひょう》時間 15分

名前　　点

**1** 次《つぎ》の文章《ぶんしょう》を読んで、下の問題《もんだい》に答えましょう。

そうです。今日《きょう》は、すいせんが、今年《ことし》はじめてラッパをふく日なのです。なぜラッパをふくかというとね、冬の間ねむっていたかえるたちに、春ですよ起《お》きなさいと知らせてあげるためです。

すいせんは、お日さまの高さをはかったり、風のはやさをしらべたり、ラッパをプーとふいたりして、ときどき、もうすぐだというように、うんうん、うなずきます。

ありたちは、葉《は》っぱの上で、ゆらゆらゆれて、じっとまっています。

あたたかい風が、ささあっとふきわたり、日の光が、一面《いちめん》にちりました。

（うん。今だ！）

すいせんは、大きくいきをすって、金色のラッパをふき鳴らします。

プップ・パッ・パッパ・パッパラピー・プウー

工藤　直子「すいせんのラッパ」
令和2年度版　東京書籍「新しい国語　三上」より

50点

① すいせんは、なぜ、ラッパをふくのですか。　20点（一つ10）

冬の間ねむっていた（　　　）に、（　　　）が来たことを知らせてあげるため。

② ①のときのために、すいせんは、どのようなことをしましたか。合うものすべてに○をつけましょう。　全部《ぜんぶ》できて15点

㋐（　）ラッパをプーとふいた。

㋑（　）風のはやさをしらべた。

㋒（　）あたたかい風をふかせた。

㋓（　）お日さまの高さをはかった。

③ ありたちは、どのようにしてまっていますか。　15点

（　　　　　　　　）まっている。

## 2 次《つぎ》の文章《しょう》を読んで、下の問題《もんだい》に答えましょう。

こんどは、どんなかえるが目をさますかな。

（あれ……か……な？）

すいせんのそばの土が、ちょろっとうごいて、豆《まめ》つぶみたいなかえるが、ぴいんととび起《お》きました。

「やあもう春だ。ん？ ぼく、こんなに上手《じょうず》に目がさめるなんて……なぜだ？ なぜだ？」

目をこすりながら、きょろきょろしています。

「ラッパですよう。すいせんのラッパで目がさめたんだよう。」

ありたちが、口をそろえて教えました。

「ラッパ？ あ、その金色のラッパ。そうだったの……。ありがとう！」

工藤　直子「すいせんのラッパ」
令和2年度版　東京書籍「新しい国語　三上」より

50点

① 「（あれ……か……な？）」と思ったのは、どのような様子《ようす》を見たからですか。 15点

（　　　　）

② 「ぼく、こんなに……なぜだ？」とありますが、なぜ、目がさめたのですか。合うものに○をつけましょう。 10点

㋐（　）ありたちが起こしてくれたから。

㋑（　）先に起きていたかえるが、起こしてくれたから。

㋒（　）すいせんが、ラッパをふいて起こしてくれたから。

③ 目をこすりながら、きょろきょろしているのは、だれですか。 15点

（　　　　）

④ すいせんのラッパは、どのようなラッパでしたか。 10点

（　　　　）のラッパ。

きほんのドリル　せつ明文

# 8 話題と内ようを読み取る ①

月　日　時　分〜　時　分

名前

点

❶ 次《つぎ》の文章《しょう》を読んで、下の問題《もんだい》に答えましょう。　60点

ダニは、動物《どうぶつ》の血《ち》をすう――まちがいではありませんが、血をすうダニは、ダニのなかまの十分の一もいません。たとえば、数の多いササラダニは、落《お》ち葉《ば》を食べて、土にもどす、しぜんのそうじ屋《や》です。

小さなササラダニの口の中には、歯《は》のはたらきをする、ペンチのようなものがあります。それで落ち葉をかみくだいて、食べること、食べること。体の四分の一くらいまで、葉っぱがつめこまれます。そして、だんごのように丸まったふんとして、体の外に出ていきます。落ち葉は、こうして、ぐんと土に近いものにかわります。

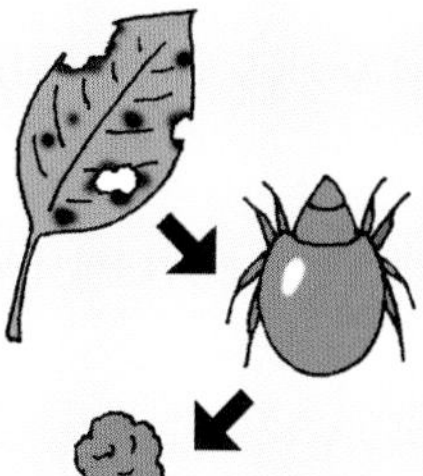

① 血をすうダニは、どのくらいいますか。　15点

ダニのなかまの（　　　　）もいない。

② ササラダニは、何を食べますか。　15点

（　　　　）

③ ササラダニの口の中にある、ペンチのようなものは、なんのはたらきをしますか。　15点

（　　　　）のはたらき。

④ ササラダニがすることのじゅんに、1〜3の番号《ばんごう》を書きましょう。　全部《ぜんぶ》できて15点

㋐（　）体の中で丸まった落ち葉を、ふんとして外に出す。

㋑（　）落ち葉をかみくだいて食べる。

㋒（　）体の四分の一くらいまで、葉っぱをつめこむ。

## おうちの方へ

説明文の最終段落には、「筆者の伝えたいこと」が書かれていることが多いです。筆者はその「伝えたいこと」を読者にわかってもらうために、文章を工夫します。「伝えたいこと」と「工夫」を読み取りましょう。

**2** 次《つぎ》の文章《しょう》を読んで、下の問題《もんだい》に答えましょう。　40点

森の土には、一メートル四方に五万びきのダニがいます。両手《りょうて》で土をすくったら、千びき。ダニは、とても小さな生き物《もの》なのです。一ミリメートルの半分もなく、見た感《かん》じでは、こん虫《ちゅう》のようです。

たとえば、ササラダニは、丸くて黒っぽい、テントウムシのような形をしています。しかし、ダニは、こん虫のような六本足ではなく、クモと同じしゅるいの、八本の足を持《も》つ生き物です。

たくさんいるダニの中でも、森でしか生きられない弱いグループや、木が少なくても平気《へいき》な強いグループがいます。

□グループばかりになれば、その場所《ばしょ》の木が少なくなっているということになります。

① 両手ですくった森の土には、何びきのダニがいますか。　10点

（　　　　　）

② ダニの大きさは、どれくらいですか。　10点

（　　　　　）もない。

③ ダニと同じしゅるいの生き物に、○をつけましょう。　10点

ア（　）こん虫
イ（　）テントウムシ
ウ（　）クモ

④ □に入る言葉《ことば》に、○をつけましょう。　10点

ア（　）強い
イ（　）弱い
ウ（　）悪《わる》い

「木が少なくなっている」ところでも、生きられるグループだよ。

**2** ②ダニがとても小さいことを、数字で表《あらわ》したところに注目《ちゅうもく》しよう。

# 9 話題と内ようを読み取る ②

月　日　時　分〜　時　分
名前
点

**1** 次《つぎ》の文章《しょう》を読んで、下の問題《もんだい》に答えましょう。　50点

かぜをひいたときに飲《の》む、かっこんとうという薬《くすり》があります。かっこんとうは、秋の七草の一つの「くず」の根《ね》っこから作られます。「くず」は、豆《まめ》のなかまで、十メートルもつるをのばす、じょうぶな植物《しょくぶつ》です。

この他《ほか》にも、いろいろな植物が薬に使《つか》われます。薬になる草が、薬草《やくそう》です。

薬草が広く使われるようになる前、人びとは、病気《びょうき》を「おに」のしわざと考えて、「まじない」や「おふだ」などでおいはらおうとしました。京都《きょうと》のぎおん祭《まつ》りも、もとは、でんせん病をしずめるための祭りでした。

薬草の発見《はっけん》、それはとてもすばらしいできごとだったのです。

① 「かっこんとう」は、何から作られますか。　10点

（　　　　　　　　）。

② 薬になる草を、なんといいますか。　15点

（　　　　　　　　）

③ 病気を「おに」のしわざと考えていたころは、何で病気をなおそうとしましたか。合うもの三つに○をつけましょう。　15点（一つ5）

㋐（　）おふだ
㋑（　）薬
㋒（　）まじない
㋓（　）祭り
㋔（　）食べ物《もの》

④ 京都のぎおん祭りは、もとは何をするための祭りでしたか。　10点

（　　　　　　　　）をしずめるための祭り。

## おうちの方へ

## めざせ！論理力の王様

説明文の話題をつかむためには、文章中に出てくる「問いかけ」に注目します。問いかけは、読み手に対する「話題提示」や「問題提起」の役割があるので、「問いかけ」と「問いかけの答え」を探しながら読むようにしましょう。

**2** 次《つぎ》の文章《しょう》を読んで、下の問題《もんだい》に答えましょう。 50点

薬草《やくそう》、このすばらしいものを見つけたのは、だれなのでしょう。

昔《むかし》の中国の絵の中に、草をくわえ、葉《は》っぱの着物《きもの》を着《き》た人物《じんぶつ》がえがかれています。頭には、なんと角のようなものが生えています。

この人物は、「神農《しんのう》」とよばれる、古代中国の王様《おうさま》です。あらゆる草を食べ、何度《なんど》もどくにあたりながらも、病《やまい》をなおすのに役立《やくだ》つ植物《しょくぶつ》を見つけて、人びとに薬《くすり》の作り方を教えたとされています。

「神農」は、日本でも、薬と農業《のうぎょう》の神様《かみさま》として祭《まつ》られています。

この王様が、ほんとうにいたのかどうかは、はっきりしていません。しかし、人びとのけんこうに役立つ薬草の知しきを、後《のち》の世《よ》へつたえてくれた人物として、そんけいされています。

① 「昔の中国の絵」にえがかれている人物は、どんな様子《ようす》ですか。合うもの三つに○をつけましょう。 15点（一つ5）

㋐（　）草をくわえている。
㋑（　）花のえだを手に持《も》っている。
㋒（　）葉っぱの着物を着ている。
㋓（　）角のようなものが生えている。
㋔（　）薬を作っている。

② 「神農」は、何をしたとされる人物ですか。 20点（一つ10）

・（　　　）にあたりながらも、病気をなおすのに役立つ植物を見つけた。
・人びとに（　　　）を教えた。

③ 日本では「神農」を、なんの神様として祭っていますか。 15点

（　　　）の神様。

「神農」は、二つのものの神様とされているんだね。



❷②三番めのだん落《らく》で、せつ明《めい》しているよ。

# 10 組み立てとじゅんじょを読み取る ①

月　日　時　分〜　時　分

名前

点

らくだのことを、「さばくの船」ということがあります。昔《むかし》から、海のように広いさばくを、人や荷物《にもつ》をのせて運《はこ》んできたからです。

さばくは、昼はとても暑《あつ》く、夜はとても寒《さむ》い、きびしい場所《ばしょ》です。水も草もない、すなばかりの中を、らくだは、飲《の》まず食わずで数日間も歩くことができます。

そのひみつは、あの、せなかのこぶにあります。こぶの中身《なかみ》は、エネルギーになる、あぶらのかたまりなのです。みなさんも、遠足には、おべんとうやおやつをつめたリュックをせおって行きますよね。らくだは、そのリュックの代《か》わりに、こぶを持《も》っているのです。

**1** 次《つぎ》の文章《ぶんしょう》を読んで、下の問題《もんだい》に答えましょう。　45点

① らくだのことを、なんということがありますか。　10点

（　　　　　　）。

② さばくは、どんな場所ですか。合うものの二つに○をつけましょう。　10点（一つ5）

ア（　）海のように広い湖《みずうみ》がある。
イ（　）昼は暑くて、夜は寒い。
ウ（　）すなばかりで、水も草もない。

③ らくだのこぶの中身は、なんですか。　15点（一つ5）

（　　　　　　）になる、
（　　　　　　）の（　　　　　　）。

④ らくだについてせつ明しているじゅんに、番号《ばんごう》を書きましょう。　全部《ぜんぶ》できて10点

ア（　）さばくでせなかのこぶが役立《やくだ》つ。
イ（　）昔からさばくの乗《の》り物《もの》だった。
ウ（　）飲まず食わずでさばくを歩く。

**おうちの方へ**

説明文は、「はじめ・中・おわり」の三部構成になっていることが多いです。「はじめ」は「話題の提示」、「中」は「具体的な説明」、「おわり」は「まとめ」です。まずは、段落はじめの言葉に注目しましょう。

## 2 次《つぎ》の文章《しょう》を読んで、下の問題《もんだい》に答えましょう。

1 らくだは、せなかのこぶのほかにも、さばくで生きるために役立《やくだ》つ、体の仕組《しく》みをそなえています。

2 まず、らくだの体をおおう毛は、すなあらしと、強い日ざし、夜の寒《さむ》さから身《み》を守《まも》ります。

3 また、らくだの あ まつげと、 い を自由《じゆう》にとじることのできる鼻《はな》は、どちらも、すなあらしのすなから身を守ります。

4 このようならくだを、さばくの人びとは、今から六千年も前に、乗《の》り物《もの》として使《つか》い始《はじ》めました。らくだは、人びとにとって、大切な「さばくの船」だったのです。自動車《じどうしゃ》が発達《はったつ》した今も、さばくでは、らくだが役に立っています。

55点

① らくだの毛は、何から身を守りますか。三つ書きましょう。 15点（一つ5）

（　　　　）（　　　　）（　　　　）

② あ・い に入る言葉《ことば》に、それぞれ○をつけましょう。 20点（一つ10）

あ　ア（　）黒い　イ（　）細い　ウ（　）長い

い　ア（　）あな　イ（　）みぞ　ウ（　）かど

③ さばくの人びとは、何年前から、らくだを乗り物として使っていましたか。 10点

今から（　　　　）も前。

④ らくだと人のかんけいをせつ明しているのは、1～4のどの段落《だんらく》ですか。番号《ばんごう》を書きましょう。 10点

□



2 ②すなあらしから身を守るのは、どんなまつげと鼻かを考えよう。

# 組み立てとじゅんじょを読み取る　②

月　日　時　分～　時　分
名前
点

**1** 次《つぎ》の文章《しょう》を読んで、下の問題《もんだい》に答えましょう。

50点

はたけに実《みの》ったコムギの実《み》が、小麦粉《こむぎこ》として食べられるようになるまでを考えてみましょう。

まず、コムギのほから実のつぶをとります。

つぎに、とり出した実のつぶを少ししめらせてから、力をくわえてつぶします。

そのあと、かけらのようになったものを、さらに細かくくだきながら、何ども何どもふるいにかけて、ふすまとよばれる皮《かわ》のくずをとりのぞきます。

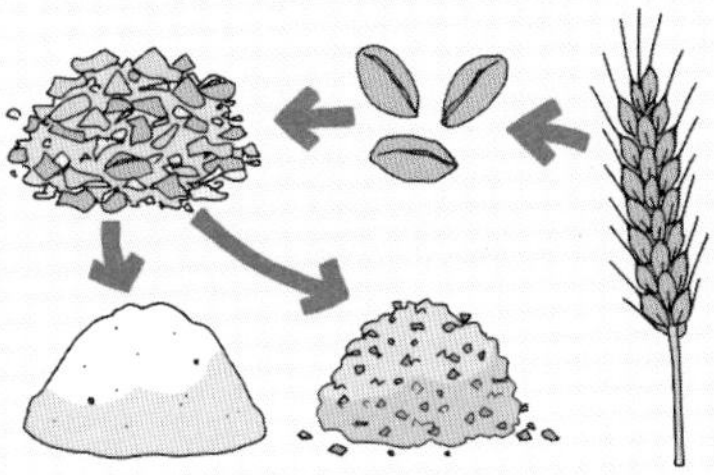

ふすまをきれいにとりのぞくと、真《ま》っ白《しろ》なこなになります。こうしてできた小麦粉が、わたしたちが食べるパンやケーキ、うどんのもとになるのです。

吉田　久「米と麦」　平成29年度版　三省堂「小学生の国語　三年」より

① この文章には、いくつの段落《だんらく》がありますか。　10点

（　　　）

② 小麦粉ができるまでのせつ明のじゅんに、1～4の番号《ばんごう》を書きましょう。　全部《ぜんぶ》できて20点

㋐（　）実のつぶを少ししめらせてから、力をくわえてつぶす。

㋑（　）ふすまをきれいにとりのぞくと、真っ白なこなになる。

㋒（　）コムギのほから実のつぶをとる。

㋓（　）さらに細かくくだき、何どもふるいにかける。

③ この文章は、何について書かれたものですか。　20点（一つ10）

（　　　）が、（　　　）として食べられるようになるまでのことについて。

## おうちの方へ

### めざせ！論理力の王様

説明文では、文章をわかりやすくするために順序を表す言葉（「まず」「つぎに」「やがて」「そのあと」）がよく使われます。これらの言葉は段落の初めにくることが多いので、段落初めの言葉に注目するようにご指導ください。

うおおお…！

## 2 次《つぎ》の文章《しょう》を読んで、下の問題《もんだい》に答えましょう。

50点

では、どうして、イネの実《み》はつぶのまま食べるのに、コムギはこなにしてから食べるのでしょう。

イネの実は、皮《かわ》がはがしやすく、中がかたくなっています。ですから、たいたりもんだりすることで、かんたんになかみをとり出せます。

いっぽう、コムギの実は、皮がかたく、中がやわらかくなっていて、皮となかみをかんたんに分けることができません。また、コムギの実には、真《ま》ん中《なか》にふかいみぞがついていて、この部分《ぶぶん》の皮をとりのぞくのはむずかしいのです。ですから、コムギは、つぶのまま食べるのではなく、こなにしてから食べるのです。

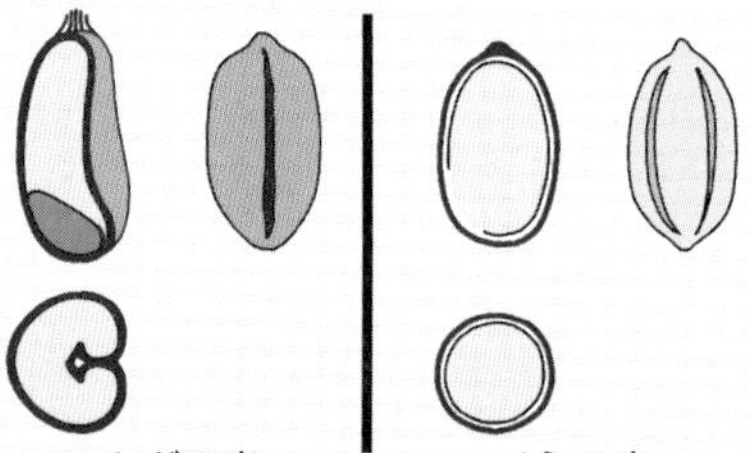


吉田　久「米と麦」　平成29年度版　三省堂「小学生の国語　三年」より

① コムギの実のせつ明として、合うものすべてに○をつけましょう。　全部《ぜんぶ》できて30点

㋐（　）真ん中にふかいみぞがあり、この部分の皮をとりのぞくのがむずかしい。

㋑（　）つぶのままではなく、こなにしてから食べる。

㋒（　）皮がかたく、中がやわらかくなっている。

㋓（　）皮がはがしやすく、中がかたくなっている。

コムギの実について書かれている部分をさがそう。

② この文章は、何について書かれたものですか。　20点（一つ10）

コムギを（　　　）食べるのではなく、（　　　）から食べるわけについて。



① ③文章のはじめの文をよく読もう。

# 12 まとめのテスト

月　日　目標時間《もくひょう》 15分

名前

点

**1** 次《つぎ》の文章《しょう》を読んで、下の問題《もんだい》に答えましょう。

　おたまじゃくしになって一か月半ぐらいたったある日、おのつけねのりょうわきに、小さなふくらみができます。だんだんそのふくらみが大きくなり、やく一しゅうかんでそこがうしろ足になりました。

　それから二しゅうかんぐらいたったある日、とつぜんからだの右がわのひふをやぶって右まえ足がとびだし、つぎの日、左わきにあいているえらのあなから左まえ足がとびだしました。

　からだのなかでちゃんとできあがっていたのです。左まえ足が先にとびだすこともあります。右まえ足がやぶったはずのひふに、きずあとはすこしものこっていません。ふしぎですね。

種村　ひろし「科学のアルバム　カエルのたんじょう」より

40点

① 「小さなふくらみ」は、何になりましたか。　10点

（　　　　）

② 「とつぜん……とびだしました」とありますが、このことは、何を表《あらわ》していますか。　20点(一つ10)

（　　　　）のなかで、（　　　　）ができあがっていたということ。

③ 「ふしぎですね。」とありますが、どんなことがふしぎなのですか。　10点

（　　　　）

## 2 次《つぎ》の文章《しょう》を読んで、下の問題《もんだい》に答えましょう。

60点

四ほんの足がでそろうと、だんだんおがからだのなかにすいこまれていきます。目がもりあがり、頭がほねばってごつごつしたかんじになり、かおつきがだいぶカエルらしくなりました。

まるい口が、よこにぱっとさけ、はなのあながはっきりあき、はなや口でいきをすうようになります。

からだのなかのえらもなくなってはいができ、からだのしくみが、りくのくらしにあうように、すっかりつくりかえられたのです。

おがなくなって
やっと子ガエルの
たんじょうです。

種村　ひろし「科学のアルバム　カエルのたんじょう」より

① 上の文章のせつ明のじゅんに、1〜4の番号《ばんごう》を書きましょう。　全部《ぜんぶ》できて40点

㋐（　）おがからだのなかにすいこまれる。

㋑（　）えらがなくなってはいができる。

㋒（　）まるい口が、よこにさけ、はなのあながはっきりあく。

㋓（　）目がもりあがり、頭がほねばってごつごつしたかんじになる。

② このようにからだがかわるのは、なんのためですか。合うものに○をつけましょう。　10点

㋐（　）りくでくらせるようになるため。

㋑（　）はやく走れるようになるため。

㋒（　）カエルの数をふやすため。

③ この文章は、何について書かれたものですか。　10点

おたまじゃくしが、足が四ほんでてから（　　　　）になるまでについて。

# 人物の行動を読み取る ①

月　日　時　分～　時　分

名前　　　点

**1** 次《つぎ》の文章《しょう》を読んで、下の問題《もんだい》に答えましょう。

日曜日。しゅんは、朝から、自転車《じてんしゃ》で、文《ぶん》ぼう具《ぐ》店を回っています。お昼ごはんを食べてから、また、べつの店をさがしに出ました。今日《きょう》だけで、五けん目です。

「見つからないなあ。」

しゅんは、とくべつなノートがほしいのです。

「ちょっと遠いけど、あそこなら、あるかもしれない。」

しゅんは、となり町のイトウ屋《や》を思い出しました。文ぼう具ばかりがずらりとならべられた、三階《さんがい》だてのビルの店です。

しゅんは自転車のペダルをふみこみ、けやき通りを走り出しました。まっすぐ行けば、あの店に着《つ》くはずです。

① しゅんは、今日、何けんの文ぼう具店を回りましたか。　10点

（　　　　）

② しゅんは、文ぼう具店で何をさがしていますか。　10点

（　　　　）。

③ しゅんが、となり町まで行こうとしているのは、どうしてですか。合うものに○をつけましょう。　15点

㋐（　）どうしても自転車に長く乗《の》りたいから。

㋑（　）どうしても見つけたいものがあるから。

④ しゅんは、となり町のどこへ行くつもりですか。　15点

（　　　　）

50点

**おうちの方へ**

**めざせ！論理力の王様**

登場人物のなかには、物語の中心となる人物（主人公）がいます。主人公の行動や気持ちの変化は、物語に大きく関係しているので、文章を読み終わったら「登場人物はだれか」「主人公はだれか」を確認してください。

**2** 次《つぎ》の文章《しょう》を読んで、下の問題《もんだい》に答えましょう。

花ちゃんは、文庫本《ぶんこぼん》くらいのノートを、毎日、学校へ持《も》ってきます。学校へ来るのが心細かった一年生のとき、おじいちゃんが作ってくれました。これは三さつ目のノートです。金色のひもで小さな金色のえんぴつがむすんであります。

昼休み、ポプラの木のかげでノートを開《ひら》きます。アミちゃんたちに見られるとからかわれるので、こっそり開くのです。

「花ちゃんの花は、りんごの花。」

表紙《ひょうし》をめくると、さいしょにそう書いてあります。次に、今日《きょう》見つけた「いいもの」を書きます。そうすれば、学校が楽しくなるよと、おじいちゃんが教えてくれたのです。

① 花ちゃんは、どんなノートを持ってきますか。二つ○をつけましょう。 10点（一つ5）

㋐（　）文庫本くらいの大きさ。

㋑（　）金色のすずがむすんである。

㋒（　）おじいちゃんが作ってくれた。

② 花ちゃんが、こっそりノートを開くのは、なぜですか。合うものに○をつけましょう。 10点

㋐（　）先生とやくそくしたから。

㋑（　）アミちゃんがほしがるから。

㋒（　）からかわれるのがいやだから。

③ 花ちゃんは、毎日、ノートに何を書きますか。 15点

今日見つけた（　　　　）。

④ おじいちゃんが教えてくれたのは、なんの方法《ほうほう》ですか。 15点

（　　　　）方法。

50点



**2** ②理由《ゆう》を表《あらわ》す、「〜ので」や「〜から」という言い方の文をさがそう。

# 14 人物の行動を読み取る ②

月　日　時　分〜　時　分

名前　　点

**1** 次《つぎ》の文章《しょう》を読んで、下の問題《もんだい》に答えましょう。

夜になった。お客《きゃく》が帰ってしまうと、サーカス小屋《ごや》はしんとした。ときおり、風がふくような音を立ててとらがほえた。

「たいくつかね。ねてばかりいるから、いつのまにか、おまえの目も白くにごってしまったよ。今日《きょう》のジャンプなんて、元気がなかったぞ。」

おじさんがのぞきに来て言った。じんざが答えた。

「そうともさ。毎日、同じことばかりやっているうちに、わしはおいぼれたよ。」

「だろうなあ。ちょっとかわってやるから、散歩《さんぽ》でもしておいでよ。」

そこで、ライオンは人間の服《ふく》を着《き》た。分からないように、マスクもかけた。くつをはき、手ぶくろもはめた。

ライオンのじんざはうきうきして外へ出た。

川村　たかし「サーカスのライオン」
令和2年度版　東京書籍「新しい国語　三上」より

50点

① おじさんは、なぜ、のぞきに来たのですか。合うものに○をつけましょう。 15点

㋐（　）元気のないライオンが心配《しんぱい》だったから。

㋑（　）元気のないライオンにはらが立ったから。

㋒（　）寒《さむ》いので、ライオンに手ぶくろをわたしたかったから。

② じんざが、人間の服を着たのは、なんのためですか。 15点

じんざがライオンだと（　　　　　）するため。

③ じんざは、どんな気持《きも》ちで外に出ましたか。 10点

（　　　　　）気持ち。

④ じんざは、何をしに外へ出ましたか。 10点

（ひらがなで書きましょう。）

（　　　　　）

## めざせ！論理力の王様

**おうちの方へ**

人物の気持ちを読み取るうえで、人物の行動や様子の読み取りは重要です。「どうしてそのような行動をしたのか」を考えることは、気持ちを直接表した言葉よりも、人物の気持ちの理解につながることがあります。

うおおお…！

**2** 次《つぎ》の文章《しょう》を読んで、下の問題《もんだい》に答えましょう。　50点

「外はいいなあ。星がちくちくゆれて、北風にふきとびそうだなあ。」

ひとり言《ごと》を言っていると、

「おじさん、サーカスのおじさん。」

と、声がした。

男の子が一人、立っていた。

「もう、ライオンはねむったかしら。ぼく、ちょっとだけ、そばへ行きたいんだけどなあ。」

じんざはおどろいて、もぐもぐたずねた。

「ライオンがすきなのかね。」

「うん、大すき。それなのに、ぼくたち昼間《ひるま》サーカスを見たときは、何だかしょげていたの。だから、お見まいに来たんだよ。」

じんざは、ぐぐっとむねのあたりがあつくなった。

川村　たかし「サーカスのライオン」
令和2年度版 東京書籍「新しい国語　三上」より

① 「おじさん、サーカスのおじさん。」とは、だれのことですか。三字で答えましょう。　15点

（　　　）

このほか、「ライオン」ともよばれているよ。

② 男の子は、どこへ行きたいのですか。　10点

ライオンの（　　　）。

③ 男の子は、何をしに来たのですか。　10点

ライオンの（　　　）。

④ 「ぐぐっと……あつくなった」とありますが、どんな気持《きも》ちですか。合うものに○をつけましょう。　15点

㋐（　）うれしい気持ち。

㋑（　）さびしい気持ち。

㋒（　）くやしい気持ち。

2 ④お見まいに来てくれたと聞いたときの、じんざの気持ちを考えよう。

# 15 人物の行動を読み取る ③

月　日　時　分～　時　分

名前　　　　点

**1** 次《つぎ》の文章《しょう》を読んで、下の問題《もんだい》に答えましょう。 50点

じんざは男の子の手を引いて、家まで送《おく》っていくことにした。

男の子のお父さんは、夜のつとめがあって、るす。お母さんが入院《にゅういん》しているので、つきそいのためにお姉《ねえ》さんも夕方から出かけていった。

「ぼくはるす番だけど、もうなれちゃった。それより、サーカスの話をして。」

「いいとも。ピエロはこんなふうにして……。」

じんざが、ひょこひょことおどけて歩いているときだった。くらいみぞの中にゲクッと足をつっこんだ。

「あいたた。ピエロも暗い所《ところ》は楽《らく》じゃない。」

じんざは、くじいた足にタオルをまきつけた。

川村 たかし「サーカスのライオン」 令和2年度版 東京書籍「新しい国語 三上」より

① 「ぼくはるす番」とありますが、家族《かぞく》はそれぞれ何をしていますか。当てはまるものをえらび、記号《きごう》を書きましょう。 15点(一つ5)

(1) お父さん（　）

(2) お母さん（　）

(3) お姉さん（　）

㋐入院　㋑散歩《さんぽ》　㋒夜のつとめ　㋓お母さんのつきそい

② じんざは、なんのまねをしましたか。 15点

（　　　　）

③ なぜ、じんざは足をくじいたのですか。 20点(一つ10)

（　　　　）歩いているときに、（　　　　）の中に足をつっこんでしまったから。

じんざはどのような様子《ようす》で歩いていたのかな。

## おうちの方へ

## めざせ！論理力の王様

「人物の行動」と同じくポイントとなってくるのが、「人物の会話」です。登場人物の会話を中心に物語が進んでいくこともあるので、「　」の中の言葉の主語を確認してください。「これはだれの言葉かな？」と問いかけてください。

**②** 次《つぎ》の文章《しょう》を読んで、下の問題《もんだい》に答えましょう。　50点

（人間の服《ふく》を着《き》たライオンのじんざは、男の子と夜道を歩いていた。）

すると、男の子は、首をかしげた。

「おじさんの顔、何だか毛が生えてるみたい。」

「う、ううん。なあに、寒《さむ》いので毛皮《けがわ》をかぶっているのじゃよ。」

じんざは、あわてて向《む》こうを向《む》いて、ぼうしをかぶり直した。

男の子のアパートは、道のそばの石がきの上にたっていた。じんざが見上げていると、部屋《へや》に灯《ひ》がともった。高いまどから顔を出して、

「サーカスのおじさん、おやすみなさい。あしたライオン見に行っていい？」

「来てやっておくれ。きっとよろこぶだろうよ。」

じんざが下から手をふった。

川村　たかし「サーカスのライオン」
令和2年度版　東京書籍「新しい国語　三上」より

① 男の子が、首をかしげたのは、なぜですか。　20点

（　　　　　　　　）

② じんざは、なぜ、あわててぼうしをかぶり直したのですか。合うものに○をつけましょう。　10点

㋐（　）男の子にぼうしをとられそうだったから。

㋑（　）風でぼうしがとばされそうだったから。

㋒（　）ライオンだと気づかれたくなかったから。

③ 「部屋に灯がともった」とありますが、これはどういうことですか。　20点（一つ10）

（　　　　）が、部屋に（　　　　）ということ。



② ①② 男の子は、じんざがどのような人物だと思っているのかな。

# 人物の行動を読み取る ④

月　日　時　分〜　時　分
名前　点

**1** 次《つぎ》の文章《しょう》を読んで、下の問題《もんだい》に答えましょう。 60点

次の日、ライオンのおりの前に、ゆうべの男の子がやってきた。じんざは、タオルをまいた足をそっとかくした。まだ、足首はずきんずきんといたかった。夜の散歩《さんぽ》もしばらくはできそうもない。

男の子は、チョコレートのかけらをさし出した。

「さあ、お食べよ。ぼくと半分こだよ。」

じんざは、チョコレートはすきではなかった。けれども、目を細くして受《う》け取《と》った。じんざはうれしかったのだ。

それから男の子は、毎日やってきた。

じんざは、もうねむらないでまっていた。やってくるたびに、男の子はチョコレートを持《も》ってきた。そして、お母さんのことを話して聞かせた。じんざはのり出して、うなずいて聞いていた。

川村　たかし「サーカスのライオン」
令和2年度版　東京書籍「新しい国語　三上」より

① じんざがうれしかったことは、チョコレートを受け取るときの、どんな様子《ようす》からわかりますか。 20点

（　　　　　　　　　　）

② じんざは、なぜ、ねむらないでまっていたのですか。○をつけましょう。 20点

ア（　）足首がいたかったから。
イ（　）昼ねをたくさんして、ねむくなかったから。
ウ（　）男の子が来るのがまちどおしかったから。

③ 「じんざは……聞いていた。」とありますが、このときのじんざの気持《きも》ちとして合うものに、○をつけましょう。 20点

ア（　）大すきな男の子の話を、よく聞きたい。
イ（　）もう少し大きな声で話してもらいたい。
ウ（　）チョコレートをもっと食べたい。

**おうちの方へ**

**めざせ！論理力の王様**

場面ごとの「人物の行動」から「人物の気持ち」を読み取りましょう。そのうえで、場面が移り変わったときに、「人物の気持ちがどのように変化したのか」を考えてみましょう。

## ❷ 次《つぎ》の文章《しょう》を読んで、下の問題《もんだい》に答えましょう。

いよいよ、サーカスがあしたで終《お》わるという日、男の子はいきをはずませてとんできた。

「お母さんがね、もうじき、たい院《いん》するんだよ。それにおこづかいもたまったんだ。あしたサーカスに来るよ。火の輪《わ》をくぐるのを見に来るよ。」

男の子が帰っていくと、じんざの体に力がこもった。目がぴかっと光った。

「……ようし、あした、わしはわかいときのように、火の輪を五つにしてくぐりぬけてやろう。」

川村 たかし「サーカスのライオン」
令和2年度版 東京書籍「新しい国語 三上」より

40点

① 「男の子は……とんできた」とありますが、このときの男の子の気持《きも》ちとして合うものに、○をつけましょう。 20点

㋐（　）サーカスが終わることを知って、おどろいた。

㋑（　）うれしいことがあって、早くじんざに教えたい。

㋒（　）はずかしくて、じんざのところからにげてしまいたい。

② 「じんざの……光った」とありますが、このときのじんざの気持ちとして合うものに、○をつけましょう。 20点

㋐（　）男の子が帰って、ようやく火の輪くぐりのれんしゅうができる。

㋑（　）あしたでサーカスが終わりなので、さい後までがんばろう。

㋒（　）火の輪をみごとにくぐって、男の子をよろこばせよう。

そのあとのじんざの言葉《ことば》に注目《ちゅうもく》しよう。



❶ ①じんざが男の子からチョコレートを受《う》け取るときの、顔の表《ひょう》じょうに注目しよう。

物語

# 17 まとめのテスト

| 月 日 | 目標《もくひょう》時間 15分 |
| --- | --- |
| 名前 | 点 |

**1** 次《つぎ》の文章《しょう》を読んで、下の問題《もんだい》に答えましょう。

マルハナ商店《しょうてん》には、午後になっても、お客《きゃく》さんがひとりもやってきません。

（この雨じゃ、お客さんはきそうにないし、そうだ、町まで、毛糸を買いにいこう。いまなら、二時のバスにまにあうわ）

サクラさんは、時計《とけい》に目をやると、大いそぎで、町へでかけるしたくをしました。

サクラさんは、さむくなる前に、店番をしながら、あたらしいセーターをあむつもりでいました。

ですから、お客さんがこないときに、店をしめて、そのための毛糸を町まで買いにいきたいと思っていたのです。

茂市 久美子「キツネのあんだえりまき」〈トチノキ村の雑貨屋さん〉より

50点

① サクラさんは、なぜ、お客さんがきそうにないと思ったのですか。合うものに○をつけましょう。 10点

㋐（　）雨がふっていたから。

㋑（　）町で、バスが止まってしまったから。

㋒（　）商品《しょうひん》がすべて売り切れてしまったから。

② サクラさんは、さむくなる前に、何をするつもりだったのですか。 20点

③ 二時のバスにまにあうと思ったサクラさんは、どうしましたか。 20点

## 2 次《つぎ》の文章《しょう》を読んで、下の問題《もんだい》に答えましょう。

サクラさんは、戸口にそっとかくれると、キツネのようすをうかがおうとして、あれっとまばたきしました。

キツネは、ほんのいっしゅん目をはなしたすきに、若者《わかもの》にばけていたのです。

そうして、おどろいたことに、サクラさんの店にすたすたやってきたではありませんか。

「ごめんください」

「はい」

サクラさんが、すぐ目の前にあらわれたもので、若者は、びっくりしてとびあがりました。そのひょうしに、顔がキツネにもどってしまいました。

茂市 久美子「キツネのあんだえりまき」〈トチノキ村の雑貨屋さん〉より

（習っていない漢字《かんじ》は、ひらがなで書きましょう。） 50点

① サクラさんが、戸口にそっとかくれたのは、なんのためですか。合うものに◯をつけましょう。 10点

㋐（　）キツネから目をはなすため。

㋑（　）キツネをおどろかすため。

㋒（　）キツネの様子《ようす》をうかがうため。

② サクラさんは、なぜ、まばたきしたのですか。 10点

キツネが、（　　　　　　　　）から。

③ キツネは、どこにやってきましたか。 10点

（　　　　　　　　）。

④ 若者は、びっくりしたひょうしに、どうなりましたか。 20点

（　　　　　　　　）

# 18 つなぐ言葉を読み取る ①

月　日　時　分〜　時　分
名前
点

**1** 次《つぎ》の文章《しょう》を読んで、下の問題《もんだい》に答えましょう。 45点

1暑《あつ》いさばくにも、雨の時期《じき》がある。しかし、その時期は短《みじか》く、雨のりょうは少ない。雨の時期が何年も来ないことさえある。そんなときでも、さばくの植物《しょくぶつ》は、その短い雨の時期を待《ま》って、芽《め》を出すのだ。

2そんなさばくの植物の一つに、サボテンがある。サボテンは、くきに水分をたくわえ、また、トゲで動物《どうぶつ》から身《み》を守《まも》り、きびしいかんきょうを生きている。

3サボテンのトゲは、昔《むかし》はふつうの葉《は》だったと考えられている。[あ]、なぜ、トゲができたのか。今から一万年ほど前、アメリカ大陸《たいりく》の西に山脈《さんみゃく》ができたため、気候《きこう》が大きく変《か》わり、ほとんど雨がふらなくなった。[い]、サボテンは、水分がじょうはつしやすい葉を、トゲにかえて、葉から水分がうしなわれるのをふせいだのだ。

(1) さばくの植物は、芽を出すのに、なんの時期を待ちますか。 10点

（　　　　）の時期。

(2) 1の段落《だんらく》から、「でも」や「ところが」と同じはたらきをする言葉《ことば》を書きぬきましょう。 10点

（　　　　）

前の文とあとの文の内ようが反対《はんたい》のときに使《つか》われるよ。

(3) [あ]・[い]に入る言葉をそれぞれえらび、記号《きごう》を書きましょう。 10点（一つ5）

あ（　）　い（　）

ア そこで　イ だが　ウ では　エ また

(4) サボテンのトゲについて、合うもの三つに○をつけましょう。 15点（一つ5）

ア（　）水分をたくわえている。
イ（　）動物から身を守ってくれる。
ウ（　）昔は、ふつうの葉だった。
エ（　）水分のじょうはつをふせぐ。
オ（　）雨水をすい上げる。

**おうちの方へ**

**めざせ！論理力の王様**

「接続語」は前を指して後につなぐ言葉です。そのため、後に続く文の先頭にくる接続語には、前の文とのつながりをはっきり見てとることができます。接続語の問題は、必ず前後の文の関係を押さえるようにご指導ください。

## ② 次《つぎ》の文章《しょう》を読んで、下の問題《もんだい》に答えましょう。

サボテンといえば、トゲがあることで有名《ゆうめい》だ。また、形がおもしろいことも、一つのとくちょうである。

うちわの形や球形《きゅうけい》、あるいは、柱《はしら》の形など、サボテンはどれも太く、ぶあついかわった形をしている。それは、体に水をいっぱいためるからだ。

もし、トゲがなければ、サボテンは、かんたんに動物《どうぶつ》に食べられてしまう。

[あ]、水分とえいようがたっぷりのサボテンは、暑《あつ》いさばくでくらす動物にとっては、きちょうな食べ物《もの》だからだ。

[い]、サボテンの中には、トゲがくきをおおってすなあらしや太陽《たいよう》の光から身《み》を守《まも》るものもある。

小さなトゲが、とても大切な役目《やくめ》をはたしているのだ。

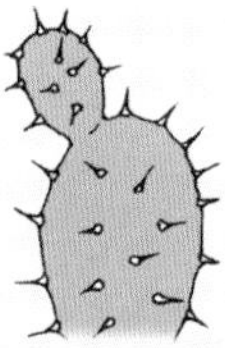

55点

① 「また」のはたらきに、○をつけましょう。 10点

ア（　）理由《りゆう》とけっかをつなぐ。

イ（　）にた内ようをならべる。

ウ（　）前と反対《はんたい》の内ようをつなぐ。

② サボテンが太く、ぶあつい形なのは、体に何をためるためですか。 10点

（　　　　）

③ [あ]・[い]に入る言葉《ことば》をそれぞれえらび、記号《きごう》を書きましょう。 20点（一つ10）

あ（　）　い（　）

アだから　イまた　ウなぜなら　エでも

④ サボテンのトゲは、何から身を守りますか。三つ書きましょう。 15点（一つ5）

（　　　　）（　　　　）（　　　　）

② ①前の文とあとの文に、どんなことが書かれているかをつかもう。

# つなぐ言葉を読み取る ②

月　日　時　分～　時　分

名前　　　　　点

**1** 次《つぎ》の文章《しょう》を読んで、下の問題《もんだい》に答えましょう。 40点

台風《たいふう》のときなどに、ニュースで「東京の足が止まった」という言い方が使《つか》われるのを聞いたことはありませんか。[あ]、「東京」は歩いたり止まったりしませんね。ここでいう「足」は、交通《こうつう》の手《しゅ》だん、[い]、電車やバスのことです。

長い間、人は足で歩いていどうしてきました。重《おも》い荷物《にもつ》は馬や牛で運《はこ》びました。そして、もっとべんりにとのぞみ、鉄道《てつどう》や自動車《じどうしゃ》を作りました。いどうのための速《はや》くて強い「足」を手に入れたのです。今では、人が作った長い「足」は、宇宙《うちゅう》にまでとどきました。

しかし、よいことばかりではなく、よくないことも起《お》きています。「足」を使ったときに出るごみやガスが、地球《ちきゅう》を苦《くる》しめているのです。

(1) 「足」は、ここではなんのことですか。 10点

（　　　　）の手だん。

(2) [あ]・[い]に入る言葉《ことば》をそれぞれえらび、記号《きごう》を書きましょう。 10点(一つ5)

ア つまり　イ また　ウ でも　エ そして

あ（　）　い（　）

(3) 「そして」「しかし」のはたらきをそれぞれえらび、記号を書きましょう。 10点(一つ5)

・そして（　）・しかし（　）

ア 前の話とはべつの内ようをしめすことを表《あらわ》す。

イ 前の話から発《はっ》てんすることを表す。

ウ 前の内ようをまとめることを表す。

(4) 「よくないこと」とは、なんですか。 10点

（　　　　）が、地球を苦しめていること。

**おうちの方へ**

**めざせ！論理力の王様**

「だから」「しかし」「つまり」といった接続語を使って、身近なことについて会話をしてください。無理に接続語の意味を覚えようとするのではなく、例文と一緒に使うなかで、接続語の意味と使い方を理解できるようになります。

うおおお…！

**2** 次《つぎ》の文章《しょう》を読んで、下の問題《もんだい》に答えましょう。 60点

みなさんが乗《の》っている、自転車《じてんしゃ》について、くわしく調《しら》べてみましょう。

自転車は、とてもすばらしい乗り物《もの》です。自動車《じどうしゃ》とちがい、はい気ガスを出しません。[あ]、乗ることで、心ぞうや肺《はい》をきたえることもできます。[い]、かんきょうにも、けんこうにもよいのです。

それでは、自転車は、いったい、いつ、どこで作られたのでしょう。

最初《さいしょ》の自転車は、二百年近く前に、ドイツで作られました。それは、ペダルはなく、足で地面《じめん》をけって走るというものでした。

とてもべんりな乗り物として、ゆうびん配達《はいたつ》に使《つか》われたのですが、すぐにとりやめになりました。[う]、くつぞこのすりへり方が、あまりにひどかったからです。

① [あ]〜[う]に入る言葉《ことば》をそれぞれえらび、記号《きごう》を書きましょう。 15点（一つ5）

あ（　　）　い（　　）　う（　　）

㋐つまり　㋑なぜなら　㋒また

② 自転車のよいところを二つ書きましょう。 20点（一つ10）

・（　　　　）によい。

・（　　　　）によい。

二段落《だんらく》めを見よう。

③ 話題《わだい》がかわるところの、はじめのつなぎ言葉を書きましょう。 15点

（　　　　）

④ 「最初の自転車」のせつ明として合うものに、○をつけましょう。 10点

㋐（　）百年近く前に作られた。

㋑（　）ペダルがなかった。

㋒（　）新聞《しんぶん》配達に使われた。



2 ③四つの段落があります。それぞれのはじめの文を読もう。

きほんのドリル　せつ明文

# 20 さししめす言葉を読み取る ①

月　日　時　分～　時　分

名前

点

**1** 次《つぎ》の文章《しょう》を読んで、下の問題《もんだい》に答えましょう。

多くの植物《しょくぶつ》は、太陽《たいよう》の光や水からよう分を作る。ところが、なんと、虫からよう分をとるという植物がある。これが、「食虫植物《しょくちゅうしょくぶつ》」である。食虫植物が虫をとらえる様子《ようす》は、まるで、かいじゅうのようだ。食虫植物は、まず、においなどで虫をさそい、近づいてきた虫をとらえる。そして、それを消化《しょうか》し、よう分をきゅうしゅうするのだ。

食虫植物は、いろいろな方法《ほうほう》で虫をとらえる。

葉《は》から出るべたべたのえきで虫をくっつける方法。二まい貝のように開《ひら》いた葉をすばやくとじて、その間にはさみこむ方法。水といっしょにすいこむ方法。ふくろの部分《ぶぶん》に、虫をすべり落《お》とす方法。

これらの方法が知られている。

50点

① 多くの植物は、何からよう分を作りますか。 10点

（　　　　　　　　）。

② 「これ」は、何をさしていますか。 20点（一つ10）

（　　　　）から（　　　　）をとる植物。

③ 「それ」がさす内ようとして合うものに、○をつけましょう。 10点

㋐（　）さそった虫　㋑（　）食虫植物

㋒（　）とらえた虫

④ 「これらの方法」ではないものに、○をつけましょう。 10点

㋐（　）べたつくえきでくっつける方法。

㋑（　）二まいの葉ではさみこむ方法。

㋒（　）水といっしょにすいこむ方法。

㋓（　）はき出した糸でからめとる方法。

㋔（　）ふくろにすべり落とす方法。

「これ」「それ」は、すぐ前の内ようをさしているよ。

**おうちの方へ**

**めざせ！論理力の王様**

「指示語」は同じ言葉を使うことを避けて、前の内容を後につなげる言葉です。そのため、指示語が指す内容は、それよりも前の文章（とくに直前）にあることが多く、問題を解くうえでの一つの手がかりとなります。

**2** 次《つぎ》の文章《しょう》を読んで、下の問題《もんだい》に答えましょう。

50点

食虫植物《しょくちゅうしょくぶつ》「ハエトリグサ」の葉《は》は、二まい貝が開《ひら》いたような形だ。その葉の内がわに、左右《さゆう》三本ずつの感覚毛《かんかくもう》といわれる細い毛が生えている。虫がその毛に二回ふれると、葉はとじる。とじた葉のふちにある、たくさんのトゲがかみ合い、虫をにがさないようになっている。

とらえた虫を、葉から出るえきで消化《しょうか》し、よう分をきゅうしゅうする。そのあと、また葉を開き、のこった虫のかたい部分《ぶぶん》などを、風や雨にとばして、外に出す。

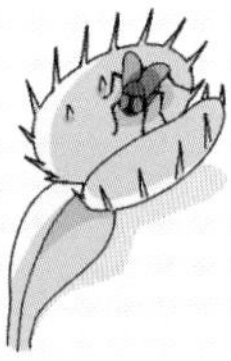

食虫植物のなかまは、やせた土地に生え、虫からよう分をとって育《そだ》つ。何代《なんだい》かたつうちに、かれた食虫植物がひ料《りょう》となり、そこは、よう分ゆたかな土地になっていく。

① ハエトリグサの葉は、どんな形ですか。10点

（　　　　）ような形。

② ハエトリグサが虫をとらえるじゅんに、1〜3の番号《ばんごう》を書きましょう。全部《ぜんぶ》できて10点

ア（　）感覚毛に虫が二回ふれる。

イ（　）葉のふちのトゲがかみ合う。

ウ（　）二まいの葉がとじる。

③「そのあと」とは、なんのあとですか。10点（一つ5）

虫を（　　　　）し、よう分を（　　　　）したあと。

④「そこ」は、何をさしていますか。20点（一つ10）

（　　　　）のなかまが生えた、もともとは（　　　　）土地。



2 ③「そのあと」の直前の文には、どのようなことが書かれているだろう。

# さししめす言葉を読み取る　②

月　日　時　分～　時　分

名前　　点

**1** 次《つぎ》の文章《しょう》を読んで、下の問題《もんだい》に答えましょう。　50点

一組と二組が、バケツでイネを育《そだ》てました。なえを植《う》えたときは、同じ大きさでした。そのあと、二組は、何もしませんでしたが、一組は、毎日、当番が「早く大きくなあれ」と言って、なえをなでました。

この行動《こうどう》のちがいは、秋に、意外《いがい》な形になってあらわれました。

一組のイネは、二組のイネにくらべてくきは太くなりましたが、せはひくかったのです。

このけっかをまねいたのは、イネをさわったときにイネから出た気体でした。その気体を、エチレンといいます。エチレンは、植物《しょくぶつ》のくきを太くし、のびをおさえます。

田んぼでは、外がわのイネのほうが、せがひくく、くきが太くなります。風が、イネをなでるからです。

① 「そのあと」とは、なんのあとですか。　10点

（　　　）あと。

② 「この行動のちがい」とは、どのようなちがいですか。○をつけましょう。　10点

ア（　）バケツを使《つか》ったか、使わないか。

イ（　）なえを植えたか、植えないか。

ウ（　）なえをなでたか、なでないか。

③ 「このけっか」とは、どのようなけっかですか。　20点（一つ10）

なでたイネは、なでなかったイネより、くきは（　　　）なったが、せは（　　　）。

④ 田んぼで、外がわのイネのせがひくく、くきが太くなるのは、なぜですか。　10点

（　　　）から。

**おうちの方へ**

指示語は前に書かれた内容を表すもののため、指示語から段落どうしの結びつきを読み取ることができます。文章中に指示語が出てきたら、「何を指しているか」を問いかけ、文章の構成を意識させてください。

うおおお…！

**2** 次《つぎ》の文章《しょう》を読んで、下の問題《もんだい》に答えましょう。

50点

草花のなえにさわると、草花はエチレンという気体を出すので、くきが太くなり、のびがおさえられます。

この他《ほか》、くだものが色づくときにも、たくさんのエチレンを出します。そのときのエチレンは、近くにある、べつのくだものがじゅくすことを早めたり、しなびるのを早めたりします。

たとえば、いいにおいのするりんごの近くにおいたほうれん草などが、早くしおれるのは、この気体のしわざです。

このように、エチレンは、いろいろなことを引き起《お》こします。それは、エチレンが、植物《しょくぶつ》に合図をおくる物《ぶつ》しつだからです。エチレンのしげきをうけて、植物は、太くなったりしおれたりする活動《かつどう》を始《はじ》めるのです。

① 「そのとき」とは、どんなときですか。 15点

（　　　　）。

② 「この気体」の名前は、なんですか。 10点

（　　　　）

③ 「このように」がさす内ようを三つえらび、○をつけましょう。 15点（一つ5）

㋐（　）草花のくきが太くなる。
㋑（　）草花のせが高くなる。
㋒（　）くだものが早くじゅくす。
㋓（　）くだものの花が早くさく。
㋔（　）野さいが早くしおれる。

エチレンが引き起こすことを前の文章からさがしてみよう。

④ 植物が太くなったり、しおれたりするのは、何をうけたからですか。 10点

（　　　　）。



**2** ③「このように」の前の、三つのだん落《らく》に注目《ちゅうもく》しよう。

月　日　目標《もくひょう》時間 15分
名前
点

**1** 次《つぎ》の文章《しょう》を読んで、下の問題《もんだい》に答えましょう。　50点

「三びきの子ぶた」のお話に、お兄さんぶたたちが、わらと木で作った家を、おおかみにふきとばされて、すえっ子ぶたの、石の家ににげてくる場面《ばめん》がある。

[あ]、石の家はいい家で、わらや木の家は、悪《わる》い家なのだろうか。

いや、そうではない。[い]、人は、天気や風土《ふうど》に合わせ、その土地のざいりょうを使《つか》って、家を作ってきたからだ。

[う]、米を食べる土地では、わらをよく使う。日本でも、かべ土にわらをまぜる。そのかべは、とてもじょうぶだ。

[え]、日本は山林《さんりん》が多く、家のおもなざいりょうは木だった。木の家は、日本の暑《あつ》い夏にぴったりの、すずしい家なのだ。

① この文章は、何についてせつ明していますか。　10点

家の（　　　　）。

② [あ]～[え]に入る言葉《ことば》をそれぞれえらび、記号《きごう》を書きましょう。　20点(一つ5)

あ（　）　い（　）　う（　）　え（　）

ア また　イ なぜなら
ウ では　エ たとえば

③ 「そう」は、何をさしていますか。　10点(一つ5)

（　　　　）はいい家で、（　　　　）は悪い家だということ。

④ 「そのかべ」とは、何に何をまぜたものですか。　10点(一つ5)

（　　　　）に（　　　　）をまぜたもの。

## 2 次《つぎ》の文章《しょう》を読んで、下の問題《もんだい》に答えましょう。

50点

外国の家の作り方には、日本とはちがったとくちょうがある。

［あ］、モンゴルには、草をもとめ、羊《ひつじ》や馬のむれをつれて、旅《たび》をする人々《ひとびと》がいる。そこでは、家も折《お》りたたみ式《しき》で、運《はこ》べるようになっている。それは、木のわくに、フェルトのぬのをはる、テントの家だ。

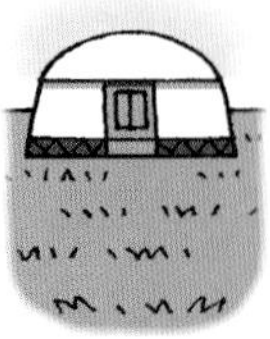

［い］、南米《なんべい》のペルーには、チチカカ湖《こ》という大きな湖《みずうみ》がある。人々は、この湖の上のうき島《じま》などに住《す》み、魚や野菜《やさい》をとって生活している。ここでは、湖のまわり一面《いちめん》に生えているトトラという草が、家のざいりょうとなる。岸《きし》近くにからまったトトラの上に、かりとったトトラをのせ、湖にうき島を作るのだ。そうして、そのうき島の上に、トトラをあんだ草の家をつくるのだ。

① ［あ］・［い］に入る言葉《ことば》をそれぞれえらび、記号《きごう》を書きましょう。 10点(一つ5)

あ（　　）　い（　　）

㋐しかし　㋑また　㋒たとえば

② モンゴルで旅をする人々の家は、どんな家ですか。合わないものに○をつけましょう。 10点

㋐（　）羊や馬が食べる草で作る。

㋑（　）折りたたみ式で運べる。

㋒（　）木のわくにフェルトのぬのをはる。

③ 「ここ」がさす場所《ばしょ》は、どこですか。 10点

［　　　　　］

④ 「そのうき島」は、どこに生えている、なんという草でできていますか。 20点(一つ10)

（　　　　）のまわりに生えている

（　　　　）という草。

# 23 人物とその気持ちを読み取る ①

月　日　時　分〜　時　分
名前
点

❶ 次《つぎ》の文章《しょう》を読んで、下の問題《もんだい》に答えましょう。 50点

パピは、けさ、チョウになったばかりの白いシジミチョウです。空をとべたとき、[あ]でしかたがありませんでした。

「もう、青虫じゃないぞ。」

お昼になり、おなかがすいたパピは、原っぱへとんでいきました。そこで、パピは、オレンジ色のなかまを見つけ、どきっとしました。

（友だちになりたい。）

パピは、[い]しながら、近づいていきました。

「わたし、すっぱいみつがすきなの。」

ベニーは、お茶のさそいをきっぱりことわりました。パピは、がっかりしてうなだれました。羽の色がちがうと、飲《の》むみつもちがうなんて……。

① [あ]に入る言葉《ことば》に、○をつけましょう。 15点

㋐（　）しんぱい　㋑（　）いや
㋒（　）とくい

② 「もう、青虫じゃないぞ。」と言ったのは、だれですか。 10点

（　　　　）になったばかりのパピ。

③ [い]に入る言葉に、○をつけましょう。 10点

㋐（　）つんつん　㋑（　）いらいら
㋒（　）わくわく

④ ベニーにさそいをことわられて、パピは、どんな気持《きも》ちになりましたか。 15点

（　　　　）した気持ち。

うなだれた様子《ようす》にも、気持ちが表《あらわ》れているよ。

## おうちの方へ

## めざせ！論理力の王様

人物の気持ちを表す直接的な表現を文章中から探し出せるようになりましょう。「がっかり」や「楽しい」などの表現をもれなく読み取れているか、また、その言葉から場面を想像して読み取れているかを確認してください。

**2** 次《つぎ》の文章《しょう》を読んで、下の問題《もんだい》に答えましょう。 50点

ハヤトは、原っぱのカンけりを、木の下でながめていました。ハヤトは、右足のけがで走れないのです。

（つまんないなあ。）

そばのクローバーの花を、左足でけとばすと、二ひきのシジミチョウが、ぱっととび立ちました。

「起《お》きろ、帰るぞ。」

お兄《にい》ちゃんにゆさぶられたハヤトは、ねぼけたまま、

「とんで？」と聞きました。

「自転車《じてんしゃ》に決《き》まってるだろ。」

（……ゆめだったんだ。）

チョウになって原っぱをとんだ楽しい気分が、ハヤトの体の中にのこっています。お兄ちゃんの自転車の後ろで、ハヤトは、口笛《くちぶえ》をふきました。

① ハヤトは、何が「つまんない」のですか。 10点

けがで（　　　　）こと。

② ハヤトは、何をけとばしましたか。合うものに○をつけましょう。 10点

ア（　）カンけりのカン。

イ（　）クローバーの花。

ウ（　）二ひきのシジミチョウ。

③ 「ゆめ」で、ハヤトは何をしましたか。 20点

（　　　　　　　　）

④ 口笛をふいたとき、ハヤトはどんな気分でしたか。 10点

（　　　　）気分。

②④ゆめの中で、ハヤトはどんな気分だっただろう。

# 人物とその気持ちを読み取る　②

| 月　日 | 時　分～　時　分 |
| --- | --- |
| 名前 | 点 |

## 1 次《つぎ》の文章《しょう》を読んで、下の問題《もんだい》に答えましょう。

川ぞいの土手を走るチキの頭のてっぺんから、もわもわとくやしさがわいた。

女子《じょし》に負《ま》けた！

（ずっと学年で一番だったのに。）

先週の一キロ走《そう》大会で、転校《てんこう》生《せい》の野《の》木《ぎ》ひな子に負けたのだ。

「いっしょに走ろう。」

と、ひな子から言われて、どうしてうなずいたのだろう。

チキは、自分がしたことにおどろいた。

ばったり会って、あせったのかな。

「決まりね！　それじゃあ、行くわよ。」

風のように走るひな子のあとについて、チキは走った。やがて、川ぞいの道に入った。いい気分だ。

川にも、さんぽ中の犬にも、チキは心の中で手をふった。

40点

① 先週の一キロ走大会で、野木ひな子に負けたチキが感《かん》じているのは、どんな気《き》持《も》ちですか。　10点

[　　　　]

② ひな子から「いっしょに走ろう。」と言われて、自分がうなずいたことを、チキはどう感じましたか。　15点

（　　　　　　）

③ 「いい気分」のチキは、心の中で何をしましたか。合うものに○をつけましょう。　15点

㋐（　）風のように走った。

㋑（　）ひな子についていった。

㋒（　）川や犬に手をふった。

**おうちの方へ**

**めざせ！論理力の王様**

人物の行動や様子から、人物の気持ちを読み取ります。ここでは、「くやしい」気持ちが、「楽しい」気持ちに変化したことを押さえ、「なぜ気持ちが変化したのか」を行動や様子から説明できるようになりましょう。

**2** 次《つぎ》の文章《しょう》を読んで、下の問題《もんだい》に答えましょう。

野木《のぎ》ひな子と走るうち、チキは、大会でひな子に負《ま》けたくやしさが、消《き》えているのに気づいた。

（ほんとに速《はや》いなあ。）

ひな子は、チキがおくれると、スピードを落《お》とす。追《お》いつくと、スピードを上げる。チキはすっかり感心《かんしん》した。

明日《あす》もいっしょに走りたいと、ひな子は言った。

「いままで、同い年で、わたしについてこられる子は、いなかったの。今日《きょう》、二人で走って、楽しかった。」

チキはてれくさくて、「ぼくも楽しかった。」とは、言えなかった。かわりに、ウン、ウン、ウンと、三回、大きくうなずいた。

60点（一つ15）

① ひな子が「スピードを落とす」のは、なんのためですか。

チキが（　　　　）のを待《ま》つため。

② チキは、何に「感心」しましたか。

ひな子が、ほんとに（　　　　）こと。

負けてくやしかったはずのチキが感心しているのは、なぜだろう？

③ チキが「てれくさく」なった理由《りゆう》に、○をつけましょう。

㋐（　）ひな子にあやまられたから。

㋑（　）ひな子にみとめられたから。

㋒（　）ひな子にはげまされたから。

④ 「ウン、ウン、ウンと、三回、大きくうなずいた」とき、チキはどんな気持《きも》ちをこめていますか。考えて答えましょう。

（　　　　）



２ ④チキがひな子に言えなかったのは、どんな言葉《ことば》かな。

# 人物とその気持ちを読み取る ③

月　日　時　分～　時　分
名前
点

**1** 次《つぎ》の文章《しょう》を読んで、下の問題《もんだい》に答えましょう。 50点

（きつねのこは、つりばしをわたろうと決心《けっしん》しました。）

そこで、まい朝くらいうちにおきだして、つりばしをわたるれんしゅうをはじめたのでした。

くまのこにも、うさぎのこにも、それはないしょでした。

はじめのうちは、ひとあしかふたあし、そろりそろりとすすむのがやっとでした。

はしいたのすきまからふかい川ぞこをみて、立ちすくんでしまったり、雨にぬれたいたの上で、しりもちをつきそうになったり。

こわい思いをたびたびくりかえすうちに、足のはこびもすこしずつなれてきました。

そしてある朝、ようやく、はしのまんなかにたどりつくことができました。

あのときのうれしかったこと！

森山　京「あのこにあえた」〈もりやまみやこ童話選 Ⅰ〉より

① 「それ」とは、どのようなことですか。 20点

きつねのこが、（　　　　）をはじめたこと。

② 「はじめのうちは、……やっとでした。」とありますが、このときのきつねのこの気持《きも》ちとして合うものに、○をつけましょう。 15点

㋐（　）こわい気持ち
㋑（　）楽しい気持ち
㋒（　）わくわくした気持ち

③ はしのまんなかまでたどりついたとき、きつねのこは、どんな気持ちでしたか。それがわかる一文を書きぬきましょう。 15点

（　　　　）

**おうちの方へ**

物語では、中心となる人物が成長したり、人物像に変化が起きたりします。それらの変化は、物語中の出来事によって引き起こされるため、「変化のきっかけ」となる出来事を正しく読み取れるようになりましょう。

**2** 次《つぎ》の文章《しょう》を読んで、下の問題《もんだい》に答えましょう。

（きつねのこは、つりばしの真《ま》ん中にたどりつきました。）

けれど、つりばしをわたったのは、そこまででした。

はしの上にいるところを、くまのこと、うさぎのこに、みつけられてしまったのです。

「あぶないわ。もうやめて。」

「もっと大きくなるまで、まてよ。」

二ひきが、口ぐちにいいました。きつねのこは、友だちに心配《しんぱい》をかけてすまないと思いました。それに、はんぶんまでわたりはしたものの、のこるはんぶんをわたりとおせるかどうかは、自分にもわかりませんでした。

森山　京「あのこにあえた」〈もりやまみやこ童話選　1〉より

50点

① なぜ、つりばしをわたったのは、「そこまで」だったのですか。　20点（一つ10）

（　　　　）を、友だちに（　　　　）から。

② 二ひきにみつかったとき、きつねのこが思ったことに○をつけましょう。　15点

ア（　）楽しいから、わたってみればいいのに。

イ（　）びっくりするから、急《きゅう》に止めないでほしい。

ウ（　）友だちに心配をかけてすまない。

③ きつねのこは、つりばしを、どこまでわたれると思っていましたか。○をつけましょう。　15点

ア（　）のこりはんぶんも、わたれる。

イ（　）のこりはんぶんは、わからない。

ウ（　）のこりはんぶんは、わたれない。



1 ②ひとあしかふたあししか進《すす》めないのは、なぜかを考えよう。

# 人物とその気持ちを読み取る ④

| 月 日 | 時 分〜 時 分 |
| --- | --- |
| 名前 | 点 |

❶ 次《つぎ》の文章《しょう》を読んで、下の問題《もんだい》に答えましょう。

「どうしよう。わたっていっても、あえないかもしれないし。」

その女の子が、はしのむこうがわにいることはわかっていても、なんという名前なのか、どのあたりにすんでいるのかは、きいていませんでした。

「あえる……あえない……あえる……あえない……。」

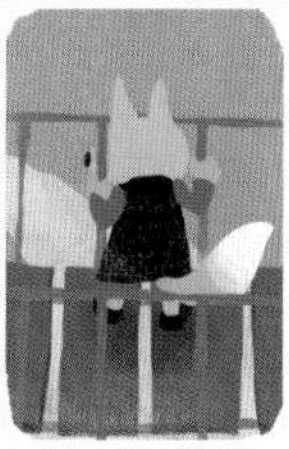

きつねのこは、川をみおろしながら、小さな声でくりかえしました。

すると、水の上をゆれながらながれていく、もみじのはっぱがみえました。まっ赤《か》な色紙《いろがみ》をきりぬいたような、あざやかに赤いもみじでした。

「ああきれい。」

きつねのこは、うっとりしてみおくりました。なんだか自分のむねのなかまで、ぱっと明るくなったような気がしました。

森山 京「あのこにあえた」〈もりやまみやこ童話選 1〉より

50点

① きつねのこが、女の子にあえないかもしれないと思ったのは、なぜですか。合うものすべてに○をつけましょう。 全部《ぜんぶ》できて20点

㋐（ ）名前を知らないから。

㋑（ ）はしのむこうがわにいないから。

㋒（ ）すんでいる所《ところ》を知らないから。

② もみじのはっぱは、どのような色でしたか。 10点

（　　　　）

③ きつねのこの気持《きも》ちは、どのようにかわりましたか。当てはまるものをえらび、それぞれ記号《きごう》を書きましょう。 20点（一つ10）

（ ）→ もみじをみる →（ ）

㋐ぱっと明るくなったような気がした。

㋑女の子にあえるかわからず、心配《しんぱい》だ。

㋒よけいに心配になってきた。

もみじを見て、うっとりしているよ。

おうちの方へ

めざせ！論理力の王様

中心人物の気持ちが変化したきっかけを読み取ります。この文章では、ある出来事をきっかけにして、中心人物のきつねのこの気持ちが変化し、行動にも表れている様子が書かれています。

**2** 次《つぎ》の文章《しょう》を読んで、下の問題《もんだい》に答えましょう。 50点

「いいよ。あえなくたって。わたるだけでいいもの。」

きつねのこは、思いきったように立ちあがると、ふたたびつりばしをわたりはじめました。

こんどは、いちども顔をあげませんでした。

むこうがわもみませんでした。

ゆら、ゆら、ゆら、ゆら。

はしいたをおなじはやさで、わたっていきました。

「あえる……あえる……あえる……あえる……。」

気がついたとき、きつねのこは、じめんをふんで立っていました。

ふりむくと、すぐうしろに、ながいながいつりばしがゆれていました。

森山　京「あのこにあえた」〈もりやまみやこ童話選　1〉より

① きつねのこは、どのように思ってふたたびつりばしをわたりはじめましたか。 20点(一つ10)

（　　　　）ても、つりばしを（　　　　）だけでいい。

② きつねのこが、つりばしをわたる様子《ようす》として合うものに、○をつけましょう。 10点

㋐（　）わくわくしながら。
㋑（　）あちこちを見回しながら。
㋒（　）顔を上げずに、むちゅうで。

③「ふりむくと……いました。」とありますが、これは、どのようなことを表《あらわ》していますか。合うものに○をつけましょう。 20点

㋐（　）きつねのこが、つりばしをもどっていったこと。
㋑（　）きつねのこのあとから、だれかがわたってきたこと。
㋒（　）きつねのこが、つりばしをわたりきったこと。



2 ①きつねのこは、ふたたびわたりはじめる前に、なんと言ったかな。

# 27 まとめのテスト

月　日　目標時間《もくひょう》 15分

名前

点

**1** 次《つぎ》の文章《しょう》を読んで、下の問題《もんだい》に答えましょう。

もう五つにもなったんだから、夜中《よなか》に、一人でせっちんぐらいに行けたっていい。

ところが、豆太《まめた》は、せっちんは表《おもて》にあるし、表には大きなモチモチの木がつっ立っていて、空いっぱいのかみの毛をバサバサとふるって、両手《りょうて》を「わあっ。」とあげるからって、夜中には、じさまについてってもらわないと、一人じゃしょうべんもできないのだ。

じさまは、ぐっすりねむっている真《ま》夜中に、豆太が「じさまぁ。」って、どんなに小さい声で言っても、「しょんべんか。」と、すぐ目をさましてくれる。いっしょにねている一まいしかないふとんを、ぬらされちまうよりいいからなぁ。

それに、とうげのりょうし小屋《ごや》に、自分とたった二人でくらしている豆太が、かわいそうで、かわいかったからだろう。

斎藤　隆介「モチモチの木」〈岩崎書店〉
令和2年度版　光村図書「国語　三下　あおぞら」より

60点

① 夜中のモチモチの木は、どのような様子《ようす》ですか。 20点（一つ10）

（　　　　）を
バサバサとふるって、（　　　　）を
「わあっ。」とあげているよう。

② なぜ、豆太は、夜中にじさまを起《お》こすのですか。考えて答えましょう。 20点

夜中に一人でしょうべんに行くのが
（　　　　）から。

③ なぜ、じさまはすぐに目をさましてくれるのですか。二つ書きましょう。 20点（一つ10）

（　　　　）

（　　　　）

## まとめのテスト

**2** 次《つぎ》の文章《しょう》を読んで、下の問題《もんだい》に答えましょう。 40点

「――それじゃぁ、おらは、とってもだめだ――。」

豆太《まめた》は、ちっちゃい声で、なきそうに言った。だって、じさまもおとうも見たんなら、自分も見たかったけど、こんな冬の真夜中《まよなか》に、モチモチの木を、それも、たった一人で見に出るなんて、とんでもねぇ話だ。ぶるぶるだ。

木のえだえだの細《こま》かいところにまで、みんな灯《ひ》がともって、木が明るくぼうっとかがやいて、まるでそれは、ゆめみてえにきれいなんだそうだが、そして、豆太は、「昼間《ひるま》だったら、見てえなぁ――。」と、そっと思ったんだが、ぶるぶる、夜なんて考えただけでも、おしっこをもらしちまいそうだ――。

斎藤　隆介「モチモチの木」〈岩崎書店〉
令和2年度版　光村図書「国語　三下　あおぞら」より

① 「豆太は、……言った。」とありますが、このときの豆太の気持《きも》ちとして合うものに、○をつけましょう。 10点

㋐（　）真夜中に一人でだなんて、こわくてとてもむりだ。

㋑（　）じさまがついてきてくれるから、見るのが楽しみだ。

㋒（　）真夜中に一人で外に出られるようになろう。

② じさまとおとうは、何を見たのですか。（　）に当てはまる言葉《ことば》を書きましょう。 30点（一つ10）

冬の（　　　）に、

えだえだに灯がともって、明るく

（　　　）、

まるで、ゆめみたいにきれいな

（　　　）。

# 28 要点《よう》を読み取る ①

月　日　時　分〜　時　分

名前

点

**1** 次《つぎ》の文章《しょう》を読んで、下の問題《もんだい》に答えましょう。

[1]なみだをなめたことはありますか。体から流《なが》れ出すなみだ、あせ、おしっこ、どれも、しょっぱい味《あじ》がします。人が体の中で守《まも》っている、海の味です。

[2]大昔《おおむかし》に生命《せいめい》が生まれた海と、人の体の中を流れるものは、ほとんど同じものでできています。つまり、生命のふるさとと同じかんきょうを体の中に作り、人は生きているのです。

[3]運動《うんどう》してあせをかくと、おしっこがへります。お茶をたくさん飲《の》めば、おしっこはふえます。体の中を流れているものが、いつでも同じしょっぱさになるように、体がくふうしているのです。あせをかく仕組《しく》みや、おしっこを作る仕組みなど、体は、ふくざつな仕組みで、体の中の海をたもっています。

50点

① なみだ、あせ、おしっこは、なんの味ですか。　15点

（　　　　）の味。

しょっぱい味だね。

② 「大昔に生命が生まれた海」と同じ意《い》味《み》で使《つか》われている七字の言葉《ことば》を書きましょう。　15点

□□□□□□□

③ [3]の段落《だんらく》に書かれている内ようをまとめましょう。　20点（一つ5）

体は、（　　　　）をかいたり、（　　　　）を作ったりする、（　　　　）で、体内を流れるものの（　　　　）が、同じになるようにしている。

**おうちの方へ**

説明文では、「キーワード」（中心となる言葉）が出てきます。キーワードは、文章の要旨にも関係してくるものなので、文章を読み終えたら、「キーワードはなにかな？」と問いかけてみてください。

## 2 次《つぎ》の文章《しょう》を読んで、下の問題《もんだい》に答えましょう。 50点

1 あせ、おしっこ、なみだのもとは、すべて血《けつ》えきです。

2 あせは、皮《ひ》ふの「かんせん」というくだから、なみだは、うわまぶたの「るいせん」というくだから、血えきの中の水分が、にじみ出したものです。

3 おしっこは、じんぞうで作られます。じんぞうに流《なが》れてきた血えきの中から、余分《よぶん》な塩分《えんぶん》やよごれがとりのぞかれ、おしっことして外に出されるのです。

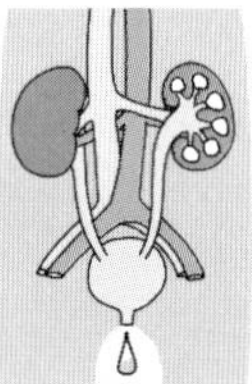

4 そのため、じんぞうが弱ると、血えきをきれいにすることができません。そうなると、病院《びょういん》の大きなきかいで、よごれをとりのぞかなくてはならなくなります。こぶしくらいしかない、小さなじんぞうが、そんな大きなきかいよりも高度《こうど》な仕事《しごと》をしているのです。

① あせ、おしっこ、なみだのもとは、なんですか。 10点

（　　　）

② 「かんせん」と「るいせん」は、どこにあるくだですか。 10点（一つ5）

・かんせん（　　　）

・るいせん（　　　）

あせと、なみだが出てくるところはどこかな。2の段落《だんらく》をよく読《よ》もう。

③ じんぞうがおしっこを作るじゅんに、1〜3の番号《ばんごう》を書きましょう。 全部《ぜんぶ》できて15点

ア（　）余分な塩分、よごれをのぞく。

イ（　）おしっことして外に出す。

ウ（　）じんぞうに血えきが流れてくる。

④ 4の段落の中で、いちばんだいじな内ように、○をつけましょう。 15点

ア（　）じんぞうが弱ると病院に行く。

イ（　）じんぞうは高度な仕事をする。

ウ（　）じんぞうはきかいより小さい。



2 ④小さなじんぞうのはたらきに注目《ちゅうもく》しよう。

# 29 要点を読み取る ②

| 月　日 | 時　分〜　時　分 |
| --- | --- |
| 名前 | 点 |

**1** 次《つぎ》の文章《しょう》を読んで、下の問題《もんだい》に答えましょう。

1　あせをかくのは、どんなときでしょうか。思い出してみましょう。

2　まず、暑《あつ》いときや体を動《うご》かしたときに、あせが出ます。それから、あせりや、きんちょうなど、心がかんけいするあせもあります。他《ほか》には、すっぱい物《もの》、からい物など、味《あじ》のしげきによって、はんしゃてきに出るあせもあります。これは、頭部《とうぶ》に出るのがとくちょうです。

3　この三つの中で、暑いとき、体を動かしたときに出るあせには、熱《ねつ》が体にたまらないようにする役目《やくめ》があります。人の体にとって、体内のかんきょうをたもつことは、とても大切です。あせで体温《たいおん》を一定《いってい》にすることは、けんこうに生きるための仕組《しく》みの一つなのです。

50点

① 問《と》いかける言い方で、話題《わだい》をのべているのは、1〜3のどの段落《だんらく》ですか。段落の番号《ばんごう》を書きましょう。　10点

[　　]

② 文章全体《ぜんたい》の話題は、なんですか。　10点

（　　　　）のは、どんなときかということ。

③ 2の段落でせつ明されている「あせ」のすべてに、○をつけましょう。　全部《ぜんぶ》できて15点

㋐（　）体を動かしたときのあせ。
㋑（　）きんちょうしたときのあせ。
㋒（　）いたみをがまんするときのあせ。
㋓（　）からい物を食べたときのあせ。

④ 3の段落でせつ明されていることに、○をつけましょう。　15点

㋐（　）体の熱をさますあせのはたらき。
㋑（　）体の内外のかんきょうについて。
㋒（　）けんこうに生きることの大切さ。

## めざせ！論理力の王様

**おうちの方へ**

　要点を読み取るうえでは、段落どうしの関係を正しく理解できているかが重要です。「はじめ」「中」「おわり」という、基本的な三部構成を読み取り、それぞれの段落の「説明の中心」が何かを確認するようにしてください。

**❷** 次《つぎ》の文章《しょう》を読んで、下の問題《もん》《だい》に答えましょう。　50点

1 なみだには、おもに□通りの出方があります。

2 一つめは、いつも少しずつ出て、目のかんそうをふせいでいるものです。二つめは、けむりなどが目にしみて出るものです。タマネギを切ったときのなみだも、同じです。三つめは、悲《かな》しいとき、感《かん》げきしたときなど、気持《きも》ちが高ぶったときに出るものです。

3 人の神《しん》けいには、心身《しんしん》を活動的《かつどうてき》にするものと、心身を落《お》ち着《つ》かせるものとがあります。気持ちが高ぶったときには、落ち着かせる神けいがはたらき、なみだを流《なが》させるのです。みなさんも、ないたあと、気持ちがすっきりしたけいけんがあるでしょう。このなみだは、心をしずめるための、人体のはたらきによるものです。

① □に入る数を、漢字で書きましょう。　10点

［　　］

② 2の段落《だんらく》には、どのようなことが書かれていますか。　15点

（　　　　　　　　）の出方のれい。

③ 気持ちが高ぶってなみだが出るときは、どのような神けいがはたらいていますか。　15点

心身を（　　　　　　　　）神けい。

④ 3の段落では、どのようななみだについてせつ明されていますか。○をつけましょう。　10点

㋐（　）目のかんそうをふせぐなみだ。
㋑（　）しげきを弱めるなみだ。
㋒（　）心をしずめるためのなみだ。

ないたあと、気持ちがすっきりするわけを読みとろう。

❷ ③ 3の段落の、二つの神けいのはたらきからえらぼう。

月　日　時　分〜　時　分

名前

点

# 要点を読み取る　③

**1** 次《つぎ》の文章《しょう》を読んで、下の問題《もんだい》に答えましょう。　50点

いろはかるたは、ことわざを集《あつ》めて作ったかるたです。ことわざというのは、「花よりだんご」「楽あれば苦《く》あり」「わらう門《かど》には福来《ふくきた》る」などの短《みじか》い言葉《ことば》です。短い言葉の中に、昔《むかし》からつたわるちえや教えが表《あらわ》されています。いろはかるたの読みふだには、ふつう、「いろは」四十七文字のそれぞれを一文字目とすることわざが書かれます。取《と》りふだには、そのことわざのないようを表す絵がかかれます。えらばれていることわざによって、いろはかるたには、いくつかしゅるいがあります。その中で、「犬も歩けばぼうに当たる」ということわざが入っているいろはかるたは、「いぬぼうかるた」とよばれ、親しまれました。

江橋 崇「かるた」　平成26年度版　光村図書「国語 三下 あおぞら」より

① いろはかるたは、どのようなかるたですか。　15点

（　　　　　　　　）

② ことわざとは、なんですか。　15点

昔からつたわる（　　　　）が表された短い言葉。

③ いろはかるたの「読みふだ」と「取りふだ」には、何がかかれていますか。それぞれえらび、記号《きごう》を書きましょう。　20点（一つ10）

・読みふだ（　　）　・取りふだ（　　）

㋐「いろは」四十七文字のそれぞれを一文字目とすることわざ。

㋑ことわざのくわしいせつ明。

㋒ことわざのないようを表す絵。

いろはかるたは、どのように遊《あそ》ぶものか、考えながら答えをさがそう。

**おうちの方へ**

## めざせ！論理力の王様

説明文では、それぞれの段落の初めの文が、その段落の説明の中心となっていることがよくあります。段落どうしの関係をつかむためにも、まずはそれぞれの段落の初めの文に注目するようにご指導ください。

**2** 次《つぎ》の文章《しょう》を読んで、下の問題《もんだい》に答えましょう。　50点

いっぽう、百人一首《ひゃくにんいっしゅ》は、歌かるたともよばれ、古くからつたわる有名《ゆうめい》な短歌《たんか》を百首集《あつ》めて作ったかるたです。短歌は、「おくやまに　もみじふみわけ　なくしかの　こえきくときぞ　あきはかなしき」のような、五・七・五・七・七の三十一音の歌です。五・七・五を上《かみ》の句《く》、七・七を下《しも》の句といいます。三十一音の中に、美《うつく》しいけしきや世《よ》の中の出来事《できごと》、人の気《き》持《も》ちなどが表《あらわ》されています。歌かるたにもいくつかのしゅるいがありますが、「小倉《おぐら》百人一首」とよばれるものが、もっともよく知られています。歌かるたの読みふだには、ふつう、上の句と下の句の両方《りょうほう》が書かれます。取《と》りふだには、下の句だけが書かれます。短歌をたくさんおぼえておくと、読む人が上の句を読み始《はじ》めたとき、すぐに取りふだをさがすことができます。

江橋　崇「かるた」　平成26年度版　光村図書「国語　三下　あおぞら」より

① 短歌には、どのようなことが表されていますか。　15点

（　　　　）

② 歌かるたの「読みふだ」と「取りふだ」には、何が書かれていますか。それぞれえらび、記号《きごう》を書きましょう。　20点（一つ10）

・読みふだ（　）
・取りふだ（　）

㋐上の句だけ。
㋑下の句だけ。
㋒上の句と下の句の両方。

③ 短歌をたくさんおぼえておくと、どのようなことができますか。　15点

読む人が上の句を読み始めたとき、

（　　　　）



**2** ③短歌をおぼえていないと、読む人が下の句を読むまでさがせないよ。

# 要点を読み取る　④

月　日　時　分～　時　分
名前
点

実《じつ》は、このようなかるたがくふうされる前に、日本には、元になる遊《あそ》びがあったといわれています。それは、貝おおいといって、はまぐりの貝がらを使《つか》うものです。一つのはまぐりの二まいの貝がらは、表《おもて》の色やもようが全《まった》く同じで、重《かさ》ねるとぴたりと合います。ちがうはまぐりの貝がらとでは、うまく合いません。貝おおいでは、このことを生かして、何組もの貝がらを交ぜてちらしておき、色やもようを見て、合うものをさがします。後の時代《じだい》になると、より美《うつく》しく、合う貝がらがより分かりやすいようにと、貝がらの内がわに、同じ絵がかかれるようになりました。このような、二まいを合わせて組を作ることと、美しい絵をかくことがカード遊びに取《と》り入れられて、かるたが生まれたと考えられています。

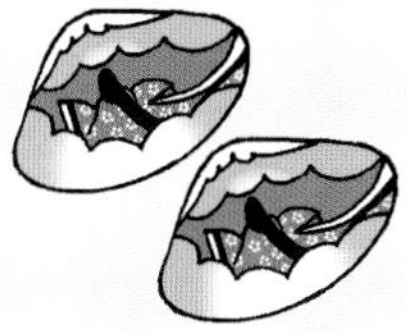

江橋　崇「かるた」　平成26年度版　光村図書「国語　三下　あおぞら」より

**1** 次《つぎ》の文章《しょう》を読んで、下の問題《もんだい》に答えましょう。　50点

① 日本にあった、かるたの元になる遊びとは、なんですか。　10点

（　　　　　　）

② 貝おおいは、はまぐりのどのようなことを生かした遊びですか。　20点（一つ10）

一つのはまぐりの二まいの貝がらは、（　　　　　　）で、重ねると（　　　　　　）、ちがうはまぐりの貝がらとでは、合わないこと。

③ どのようなことがカード遊びに取り入れられたと考えられていますか。　20点（一つ10）

・（　　　　　　）

・（　　　　　　）

貝おおいで、貝がらの内がわに同じ絵がかかれたことに注目《ちゅうもく》しよう。

**おうちの方へ**

**めざせ！論理力の王様**

うおおお…！

説明文では、「事実」と「意見」を区別して読み取ります。「事実」とは、「ほんとうにあったこと」を指し、「意見」とは、「筆者の考え」を指します。説明文では、「事実」をもとに「意見」が書かれています。

## ❷ 次《つぎ》の文章《ぶんしょう》を読んで、下の問題《もんだい》に答えましょう。 50点

いろはかるたや百人一首《ひゃくにんいっしゅ》は、今でも多くの人に親しまれています。ほかにも、動物《どうぶつ》かるた、俳句《はいく》かるた、わらべ歌かるたなど、いろいろなかるたが生み出され、楽しまれています。また、全国《ぜんこく》の都道府《とどうふ》県《けん》や市《し》区《く》町《ちょう》村《そん》で作られる郷土《きょうど》かるたもあります。ちいきの名所《めいしょ》や特産品《とくさんひん》、人物などを取《と》り上げていて、そこに住《す》む人たちに大切にされているかるたです。

かるたは、小さくて手軽《てがる》な遊《あそ》び道具《どうぐ》です。けれども、先人のちえがつまった、大きなおくり物《もの》でもあるのです。

江橋 崇「かるた」 平成26年度版 光村図書「国語 三下 あおぞら」より

① 全国の都道府県や市区町村で作られているものとして、合うものに○をつけましょう。 10点

ア（　）いろはかるた

イ（　）わらべ歌かるた

ウ（　）郷土かるた

② 郷土かるたには、そのちいきの、どのようなものが取り上げられていますか。○を三つつけましょう。 30点（一つ10）

ア（　）短歌《たんか》　イ（　）特産品

ウ（　）俳句　エ（　）人物

オ（　）名所

③ 筆者《ひっしゃ》は、かるたとはどのようなものであるとのべていますか。 10点

かるたは、小さくて手軽な遊び道具だが、

（　　　　　　　　）



❷③筆者の考えがまとめられているところは、どこかな。

# 32 まとめのテスト

月　　日　目標時間《もくひょう》 15分

名前　　　　点

**1** 次《つぎ》の文章《しょう》を読んで、下の問題《もんだい》に答えましょう。

お母さんのおちち（ミルク）を飲《の》んで、大きくなる動物《どうぶつ》のことを、ほにゅう動物と言います。イヌ・ネコ・ウシ・ウマ・クジラ・イルカなど、いろいろな動物がいます。実《じつ》は、わたしたち人間も、同じなかまです。

ほにゅう動物の赤ちゃんは、他《ほか》の動物からミルクをもらうことは、めったにありません。ところが、人間の赤ちゃんは、お母さんのミルクの他に、いろいろな動物のミルクを飲みます。

人間にミルクをくれる動物には、ヤギ・ラクダ・ウマ・ウシ・トナカイなどがいます。牛にゅうは、ウシのミルクなのです。ウシのミルクは、動物のミルクの中でいちばん多く利用《りよう》されるようになりました。それは、一回にとれるりょうが、他の動物にくらべてとても多いからです。

中西　敏夫「ミラクル　ミルク」
平成29年度版　学校図書「みんなと学ぶ　小学校　国語　三年下」より

① 「お母さんのおちち……大きくなる動物」のことを、なんといいますか。　10点

（　　　　）

② ①に当てはまる動物すべてに、○をつけましょう。　全部《ぜんぶ》できて10点

㋐（　）クジラ　㋑（　）ヘビ
㋒（　）サメ　㋓（　）ネコ

③ 人間の赤ちゃんは、何を飲みますか。二つ書きましょう。　20点（一つ10）

・（　　　　）。
・（　　　　）。

④ 「ウシのミルクは、……いちばん多く利用されるようになりました。」とありますが、それは、なぜですか。　15点

（　　　　）

55点

## 2 次《つぎ》の文章《しょう》を読んで、下の問題《もんだい》に答えましょう。

45点

ところで、みなさんは、動物《どうぶつ》のミルクがミラクル（ふしぎなこと）を起《お》こして、さまざまな物《もの》に変身《へんしん》することを知っていますか。

まず、一つめのミラクルは、ヨーグルトへの変身です。

動物のミルクを利用《りよう》し始《はじ》めたのは、今のエジプトの近くに住《す》む人たちです。この地方では、暑《あつ》いときには日中の気温《きおん》が五十度《ど》近くにもなります。ここにミルクをおきっぱなしにすると、いろいろな菌《きん》が空気中からとびこんできて、どんどんふえていきます。このとき、ミルクの中に、にゅうさん菌という菌が入ると、ミルクは変身を始めます。それまで、水のようにさらっとしていたミルクが、だんだんどろっとしてきます。食べてみると、少しすっぱい味《あじ》になります。これが「ヨーグルト」です。

中西　敏夫「ミラクル　ミルク」
平成29年度版　学校図書「みんなと学ぶ 小学校 国語 三年下」より

① この文章について、次のはたらきに当《あ》てはまるのは、何番めの段落《だんらく》ですか。一〜三の漢数字《かんすうじ》を書きましょう。　15点（一つ5）

・れいをしめす……（　）番め
・話題《わだい》をしめす……（　）番め
・れいについてのせつ明……（　）番め

② 動物のミルクを利用し始めたのは、だれですか。　15点

③ ヨーグルトは、どのようにしてできますか。じゅんに、1〜3の番号《ばんごう》を書きましょう。　全部《ぜんぶ》できて15点

㋐（　）ミルクの中に、にゅうさん菌が入る。
㋑（　）ミルクがだんだんどろっとしてきて、少しすっぱい味になる。
㋒（　）暑いところにミルクをおきっぱなしにする。

月　日　時　分〜　時　分

名前

点

**1** 次《つぎ》の詩《し》を読んで、下の問題《もんだい》に答えましょう。

かぜのなおり方

ねつ田　あつ子

1 むしパンみたいに
2 あっつあっつにふくらんで
3 きょうりゅうにふんづけられて
4 ぎゅぎゅっと水をしぼられて
5 はっと□がさめたら
6 ねつは下がってます

※1〜6は、行の番号。

じまん大会

選手《せんしゅ》一同

ぼくの長い首は、もようがおしゃれ
あたしの耳は……長いけどかわいい
わしの鼻《はな》なんぞ、長いうえにべんり
おれさま、体まるごと長いんだぜ！

50点

① ねつが高いことがわかる、様子《ようす》を表《あらわ》す言葉《ことば》を書きぬきましょう。 5点

（　　　　）

② (1)いたい様子、(2)あせをかく様子を表す行の番号《ばんごう》を書きましょう。 10点（一つ5）

(1)（　）　(2)（　）

③ □に入る漢字《かんじ》一字を書きましょう。 5点

□

④ 「ぼく」「あたし」「わし」「おれさま」は、それぞれなんの動物《どうぶつ》だと考えられますか。 20点（一つ5）

・ぼく（　　　）　・あたし（　　　）
・わし（　　　）　・おれさま（　　　）

⑤ 長いことを、選手一同は、どう思っていますか。三字で書きましょう。 10点

□□□

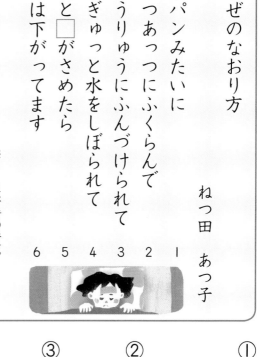

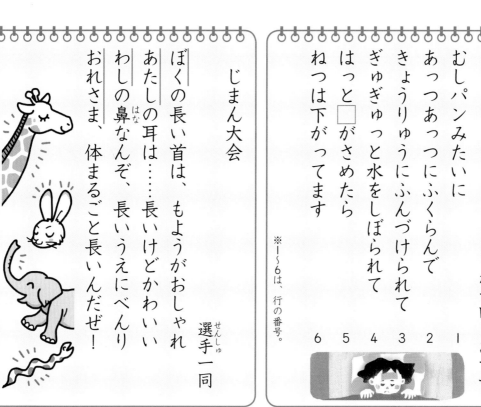

**おうちの方へ**

言葉のリズムを味わいながら、声に出して読むようにしましょう。また、繰り返し使われている言葉や表現に注目して、詩にでてくる人物の様子や気持ちを想像しましょう。

**2** 次《つぎ》の詩《し》を読んで、下の問題《もんだい》に答えましょう。

もしものきょうだい

多田《ただ》 一人《かずと》

ぼくは　たったのひとりっこ
もしも　きょうだいたくさんいたら
もしものにいさん　うっかりや
ぼくのランドセル　しょって
「行ってきまあす」　あれれのれ
もしものねえさん　[　　]や
ぼくのお皿《さら》に　ピーマンのせて
「体にいいのよ」　うむむのむ
もしものいもうと　おせっかいや
ぼくのしゅくだい　てつだって
「お絵かき、お絵かき」　あわわのわ
もしものおとうと　わんぱくぼうや
ぼくのせなかに　とびのって
「お兄《にい》ちゃん大すき」　えへへのへ

50点

① 詩の中にくりかえし出てきて、きょうだいのことが想《そう》ぞうだとわかるのは、どの言葉《ことば》ですか。 10点

（　　　　　　）

② 「うっかりや」とは、どのようなせいかくですか。○をつけましょう。 10点

㋐（　）いたずらずき
㋑（　）おこりっぽい
㋒（　）おっちょこちょい



にいさんは、ランドセルをまちがえているね。

③ [　　]に入る言葉に、○をつけましょう。 10点

㋐（　）わからず　㋑（　）お天気
㋒（　）ちゃっかり

④ 「あわわのわ」「えへへのへ」には、どんな気持《きも》ちが表《あらわ》れていますか。それぞれえらび、記号《きごう》を書きましょう。 20点（一つ10）

・あわわのわ（　　）
・えへへのへ（　　）

㋐おこっている　㋑よろこんでいる
㋒かなしんでいる　㋓あわてている



2 ③自分の苦手なピーマンを「ぼく」におしつける様子《ようす》から考えよう。

# 様子や気持ちを読み取る ②

月　日　時　分〜　時　分
名前
点

**1** 次《つぎ》の詩《し》を読んで、下の問題《もんだい》に答えましょう。　50点

春のうた

草野《くさの》 心平《しんぺい》

かえるは冬のあいだは土の中にいて
春になると地上に出てきます。
そのはじめての日のうた。

ほっ　まぶしいな。
ほっ　うれしいな。
みずは　つるつる。
かぜは　そよそよ。
ケルルン　クック。
ああいいにおいだ。
ケルルン　クック。
ほっ　いぬのふぐりがさいている。
ほっ　おおきなくもがうごいてくる。
ケルルン　クック。
ケルルン　クック。

草野　心平「春のうた」
平成26年度版　学校図書「みんなと学ぶ　小学校　国語　三年下」より

① この詩は、だれが話しているように書かれていますか。　10点

（　　　　）

② 「ほっ　うれしいな。」とありますが、何がうれしいのですか。　20点（一つ10）

（　　　　）になって、（　　　　）に出てこられたこと。

かえるの気持《きも》ちを想《そう》ぞうしよう。

③ 鼻《はな》から感《かん》じ取《と》っていることがわかる詩の中の一行を書きぬきましょう。　10点

（　　　　）

④ 「ケルルン　クック。」とは、なんですか。合うものに○をつけましょう。　10点

㋐（　）かえるの鳴き声。
㋑（　）かぜの音。
㋒（　）いぬの鳴き声。

**おうちの方へ**

**めざせ！論理力の王様**

詩を読み取るときは、「題名」にも注目しましょう。「題名」で用いられている言葉が詩の中心語になっていたり、「題名」が詩の情景を想像する手がかりになっていたりすることがあります。

**2** 次《つぎ》の詩《し》を読んで、下の問題《もんだい》に答えましょう。（習っていない漢字《かんじ》は、ひらがなで書きましょう。） 50点

### 雪の朝

草野《くさの》　心平《しんぺい》

まぶしい雪のはねっかえし。
青い。
キララ子たちははしゃいで。
跳《と》びあがったりもぐったりしての鬼《おに》ごっこだ。
ああ。
まぶしい光りのはねっかえし。
自分の額《ひたい》にもキララ子は映《うつ》り。
うれしい。
空はグーンとまえに乗《の》りだし。
天の天まで見え透《す》くようだ。

草野　心平「雪の朝」〈少年少女のための日本名詩選集・10　草野心平〉より

① 「まぶしい雪のはねっかえし」のことを、言いかえた六字の言葉《ことば》を書きましょう。 10点

② 「キララ子たち」は、何をしていますか。 15点

③ 「うれしい。」とありますが、何がうれしいのですか。 15点

④ 「空はグーンと……見え透《す》くようだ。」から読み取《と》れる空の様子《ようす》に、○をつけましょう。 10点

ア（　）楽しく、にぎやかな様子。
イ（　）くらく、しずかな様子。
ウ（　）明るくすみ切っている様子。



② ①「はねっかえし」を人物のようにたとえた言葉をさがそう。

# 様子や気持ちを読み取る ③

月　日　時　分〜　時　分

名前

点

**1** 次《つぎ》の詩《し》を読んで、下の問題《もんだい》に答えましょう。 50点

ミンミンのうた

室生《むろう》　犀星《さいせい》

ミンミンゼミは
いつも
かぜをひいているように
はなをつまらせて鳴く、
むねがひろくて
はねはぎんいろに光り
せなかに金の粉《こ》がふいている。
こいつが鳴いているところは
とてもりっぱで
ほかのセミの声が
きこえないくらいだ。
ミンミンゼミは
セミの王さまだ。

室生　犀星「ミンミンのうた」〈動物のうた〉より

① ミンミンゼミは、どのように鳴くと表《あらわ》されていますか。 15点

（　　　　　　）

② ミンミンゼミが鳴いているところは、どのように表されていますか。 20点（一つ10）

とても（　　　　）で、（　　　　）の声が聞こえないくらい。

③ この詩の中で、作者《さくしゃ》の感動《かんどう》がもっとも表れている部分《ぶぶん》を、二行で書きぬきましょう。 15点

（　　　　　　）
（　　　　　　）

## おうちの方へ

詩は同じような言葉が繰り返されたり、反対の意味の言葉が使われたりします。音読をした後にお子さんに問いかけてみて、特徴的な表現に気がついたか確認するようにしてください。

うおおお…！

## 2 次《つぎ》の詩《し》を読んで、下の問題《もんだい》に答えましょう。 50点

### 夕日がせなかをおしてくる

阪田《さかた》　寛夫《ひろお》

夕日がせなかをおしてくる
まっかなうでで　おしてくる
歩くぼくらのうしろから
でっかい声でよびかける
さよなら　さよなら
さよなら　きみたち
ばんごはんがまってるぞ
あしたの朝ねすごすな

夕日がせなかをおしてくる
そんなにおすなあわてるな
ぐるりふりむき太陽《たいよう》に
ぼくらも負《ま》けずどなるんだ
さよなら　さよなら
さよなら　太陽
ばんごはんがまってるぞ
あしたの朝ねすごすな

阪田　寛夫「夕日がせなかをおしてくる」
令和2年度版　東京書籍「新しい国語　三上」より

① この詩は、いくつのまとまりからできていますか。 10点

（　　　）

② 「まっかなうで」とは、なんのことですか。合うものに○をつけましょう。 15点

ア（　）日やけしたうで。
イ（　）電しん柱《ばしら》。
ウ（　）太陽の光。

③ 「でっかい声でよびかける」のは、だれですか。 10点

（　　　）

せなかをおしてくるものと同じだね。

④ 「夕日」と「ぼくら」は、どんな様子《ようす》ですか。合うものに○をつけましょう。 15点

ア（　）元気な様子。
イ（　）つかれた様子。
ウ（　）悲《かな》しそうな様子。

2 ②せなかをおしてくる夕日の「うで」とは、何を表《あらわ》したものかを考えよう。

# 36 まとめのテスト

月　日　目標時間《もくひょう》 15分

名前　　点

**1** 次《つぎ》の詩《し》を読んで、下の問題《もんだい》に答えましょう。

### 音

江口《えぐち》　あけみ

音　すみえのような　雪景色《ゆきげしき》の中
ないているのかな
さけんでいるのかな
きえていくよ　音

音　まっ青《さお》な空に　すいこまれていく
どこへいったの
もどっておいで
きえていくよ　音

音　遠い山並《やまな》み　ずっとずっとむこう
うたっているね
こだましているね
いきているね　音

江口　あけみ「音」〈子ども　詩のポケット6　風の匂い〉より

50点

① 雪景色は、何にたとえられていますか。 10点

（　　　　）

② 「きえていくよ　音」とありますが、音がきえていく様子《ようす》は、どのように表《あらわ》されていますか。 10点

（　　　　）

③ 音は、ずっとずっとむこうで何をしていますか。詩の中から三つさがして、書きましょう。 30点(一つ10)

・（　　　　）
・（　　　　）
・（　　　　）

## 2 次《つぎ》の詩《し》を読んで、下の問題《もんだい》に答えましょう。（習っていない漢字《かんじ》は、ひらがなで書きましょう。） 50点

### 雲が通る

木村《きむら》　信子《のぶこ》

雲が通る
いいお天気ですねといって通る
友達《ともだち》みたいな顔して通る

雲が通る
わたしみたいにまるっこい形して
ふわふわしあわせそうに通る

雲が通る
遠くへ旅《たび》に行くらしいのに
散歩《さんぽ》みたいに気軽《きがる》に通る

木村　信子「雲が通る」〈木村信子詩集　時間割にない時間〉より

① この詩は、いくつのまとまりからできていますか。 10点

（　　　　）

② 雲がどのように通ると表《あらわ》されていますか。詩の中から四つさがして、書きなさい。 40点（一つ10）

・（　　　　）通る。
・（　　　　）通る。
・（　　　　）通る。
・（　　　　）通る。

**1** 次《つぎ》の文章《しょう》を読んで、下の問題《もんだい》に答えましょう。

キツネの若者《わかもの》は、サクラさんの首に、ふうわりと、えりまきをまきつけました。

とたんに、サクラさんは、首と肩《かた》がほっこりとして、ひだまりの中にすわっているような気もちになりました。

じっとしていると、なんだか、うとうとしてしまいそうです。

「これ、わたしのえりまきにします。おいくらですか？」

サクラさんがたずねると、キツネの若者は、うれしさをかくしきれないといったようすで、うわずった声をだしました。

「値段《ねだん》は、そちらできめてください。おまかせします」

「そういわれてもねえ……」

茂市　久美子「キツネのあんだえりまき」〈トチノキ村の雑貨屋さん〉より

① えりまきをまきつけたサクラさんは、どのような気もちになりましたか。 20点

（　　　　　）

② サクラさんが「これ、わたしの……おいくらですか？」とたずねると、キツネは、どのようなようすになりましたか。 20点

（　　　　　）

③ 「おまかせします」と言われたとき、サクラさんは、どのような気もちになりましたか。合うものに○をつけましょう。 10点

ア（　）やっぱりえりまきを返《かえ》そう。
イ（　）とても高い値段にしよう。
ウ（　）どうしたらいいのだろう。

50点

## 2 次《つぎ》の文章《しょう》を読んで、下の問題《もんだい》に答えましょう。（習っていない漢字《かんじ》は、ひらがなで書きましょう。） 50点

サクラさんが口ごもると、キツネの若《わか》者《もの》は、豆腐《とうふ》や油揚《あぶらあ》げをならべた箱《はこ》に、ちらちら目をやりながらこたえました。

「あのう、あそこにある油揚げとこうかんということではどうでしょうか」

「えっ、油揚げとこうかん？」

サクラさんがききかえすと、キツネの若者は、耳のうしろをかきました。

「じつは、明日《あした》、小学校の運動会《うんどうかい》でして。子どもたちに、ひる、いなりずしをつくって、ごちそうするってやくそくしたんです」

「まあ、小学校の運動会にいなりずしを……。あなたが、つくるんですか……」

キツネの若者は、大きく息《いき》をすって、背《せ》すじをのばすと、ほこらしげにいいました。

「ぼく、小学校の先生をしてるんです」

茂市　久美子「キツネのあんだえりまき」〈トチノキ村の雑貨屋さん〉より

① キツネの若者は、えりまきを何とこうかんしたいのですか。 10点

（　　　　）

② キツネの若者は、なぜ、①とこうかんしたいのですか。 20点

明日は運動会で、子どもたちに、

（　　　　）

③ 「ぼく、小学校の先生をしてるんです」という言葉を、キツネの若者は、どのような様子《ようす》で言いましたか。 20点（一つ10）

（　　　　）をのばして、

（　　　　）な様子で言った。

# 仕上げのテスト1

# 38 仕上げのテスト2

月　日　目標時間《もくひょうじかん》 15分

名前

点

**1** 次《つぎ》の文章《しょう》を読んで、下の問題《もんだい》に答えましょう。

「ま、豆太《まめた》、心配《しんぱい》すんな。じさまは、じさまは、ちょっとはらがいてえだけだ。」

まくら元で、くまみたいに体を丸めてうなっていたのは、じさまだった。

「じさまっ。」

こわくて、びっくらして、豆太はじさまにとびついた。けれども、じさまは、ころりとたたみに転《ころ》げると、歯《は》を食いしばって、ますますすごくうなるだけだ。

「医者様《いしゃさま》をよばなくっちゃ。」

豆太は、小犬みたいに体を丸めて、表戸《おもてど》を体でふっとばして走りだした。

ねまきのまんま。はだしで。半道《はんみち》もあるふもとの村まで――。

斎藤　隆介「モチモチの木」〈岩崎書店〉
令和2年度版　光村図書「国語　三下　あおぞら」より

50点

① まくら元で、じさまが「ま、豆太、……はらがいてえだけだ。」と言ったとき、じさまは、どのような様子《ようす》でしたか。 15点

② まくら元にいるじさまの様子を見て、豆太はどのように思いましたか。合うもの二つに○をつけましょう。 20点(一つ10)

㋐(　)いたい。
㋑(　)楽しい。
㋒(　)びっくりした。
㋓(　)こわい。

③「走りだした」とありますが、豆太が走りだしたのは、どこへ、何をしにいくためですか。 15点

**2** 次《つぎ》の文章《しょう》を読んで、下の問題《もんだい》に答えましょう。

外はすごい星で、月も出ていた。とうげの下りの坂道《さかみち》は、一面《いちめん》の真《ま》っ白《しろ》い霜《しも》で、雪みたいだった。霜が足にかみついた。足からは血《ち》が出た。豆太《まめた》は、なきなき走った。いたくて、寒《さむ》くて、こわかったからなぁ。

でも、大すきなじさまの死《し》んじまうほうが、もっとこわかったから、なきなきふもとの医者様《いしゃさま》へ走った。

これも、年よりじさまの医者様は、豆太からわけを聞くと、

「おう、おう――。」

と言って、ねんねこばんてんに薬箱《くすりばこ》と豆太をおぶうと、真夜中のとうげ道を、えっちら、おっちら、じさまの小屋《こや》へ上ってきた。

斎藤 隆介「モチモチの木」〈岩崎書店〉
令和2年度版 光村図書「国語 三下 あおぞら」より

50点

① これは、一日の中のいつの場面《ばめん》ですか。 10点

（　　　　）

② 「豆太は、なきなき走った。」とありますが、豆太がなきながら走ったのは、どうしてですか。 10点

（　　　　）

③ 豆太が「もっとこわかった」こととは、なんですか。 15点

（　　　　）

④ 豆太は、じさまの小屋へ、どのようにして帰りましたか。合うものに○をつけましょう。 15点

㋐（　）医者様と手をつないで帰った。

㋑（　）医者様におぶわれて帰った。

㋒（　）医者様より先に帰った。

仕上げのテスト2

月　日　目標時間《もくひょう》 15分
名前　　点

**1** 次《つぎ》の文章《しょう》を読んで、下の問《もん》題《だい》に答えましょう。

50点

おたまじゃくしのときは、やわらかい水草をたべていたのに、カエルになってからは、小さな生きものをとってたべるようになります。

うごいているえさならなんでもとります。ハエ、カ、トンボ、ときにはカタツムリだってたべてしまいます。

でも、どうしたわけでしょう。しんでしまったり、うごかない虫をそばにおいてもみむきもしません。

きっと、えものをさがすのは、かたちや、においではなく、うごきによってなのでしょう。

種村　ひろし「科学のアルバム　カエルのたんじょう」より

① おたまじゃくしとカエルは、何をたべますか。それぞれ七字で書きましょう。 20点（一つ10）

・おたまじゃくし
□□□□□□□

・カエル
□□□□□□□

② カエルがとる「ハエ、……カタツムリ」は、カエルにとって、どんなえさですか。 10点

（　　　　）えさ。

③ 「しんで……みむきもしません。」から、どのようなことがわかりますか。 両方《りょうほう》できて20点

カエルは、（　　　　）によって（　　　　）ということ。

## 2 次《つぎ》の文章《しょう》を読んで、下の問題《もんだい》に答えましょう。

カエルは、すみかや、きせつによって、からだの色をかえます。

たとえば、アマガエルは、木《こ》の葉《は》の上ではみどり色、たんぼでは土の色にかわります。

そのしくみは、まだじゅうぶんわかってはいませんが、たぶん、まわりの色やおんど、明るさなどを、目、ひふ、ゆびさきなどでかんじとっているのだろうとかんがえられています。

色のへんかは、カエルがてきからみをまもるのにやくだっています。

種村　ひろし「科学のアルバム　カエルのたんじょう」より

50点

① 「そのしくみ」とは、なんのしくみですか。　両方《りょうほう》できて20点

カエルが、（　　　　）によって、（　　　　）しくみ。

② カエルは、まわりの色やおんど、明るさなどを、どこでかんじとっているとかんがえられていますか。　20点

（　　　　）。

③ カエルの色のへんかは、どのようなことにやくだっていますか。　10点

（　　　　）こと。

# 40 仕上げのテスト4

月　日　目標《もくひょう》時間 15分

名前　　点

**1** 次《つぎ》の文章《しょう》を読んで、下の問題《もんだい》に答えましょう。

二つめのミラクルは、バターへの変身《へんしん》です。

しぼったばかりのミルクをしずかにおいておくと、表面《ひょうめん》にしぼうの多いクリームがういてきます。これをかき回したりゆすったりすると、しぼうどうしがくっついてかたまりになっていきます。こうしてできたかたまりが「バター」です。

バターは、たいへん古い時代《じだい》からインドやアラブで作られていたようです。今からやく二千年も前には、高級《こうきゅう》なぬり薬《ぐすり》やけしょう品《ひん》として使《つか》われていました。

バターは、他《ほか》の油《あぶら》にくらべて味《あじ》やかおりがよいため、今では料理《りょうり》に使われています。とくに、アメリカやフランスでは、日本の六〜七倍《ばい》も使われるほど、料理にはかかせない物《もの》となっています。

中西　敏夫「ミラクル　ミルク」平成29年度版　学校図書「みんなと学ぶ　小学校　国語　三年下」より

50点

① 二つめのミラクルについて、くわしく書かれているのは、何番めの段落《だんらく》ですか。漢数字《かんすうじ》を書きましょう。 10点

□番め

② ミルクをおいておくと、何がういてきますか。 10点（一つ5）

（　　　）の多い（　　　）。

③ バターは、昔《むかし》、どんなものとして使われていましたか。 15点

（　　　）。

④ バターが、今では料理に使われているのは、なぜですか。合うものに○をつけましょう。 15点

ア（　）アメリカ人やフランス人が大すきだから。

イ（　）料理するのがかんたんだから。

ウ（　）他の油にくらべて、味やかおりがよいから。

## 2 次《つぎ》の文章《しょう》を読んで、下の問題《もんだい》に答えましょう。

三つめのミラクルは、チーズへの変身《へんしん》です。

古いアラビアの民話《みんわ》に、次のような話があります。

ある商人《しょうにん》が、ヒツジの胃《い》ぶくろをほして作った水とうにミルクを入れて出かけました。暑《あつ》いさばくをぬけ、夕方、その水とうからミルクを飲《の》もうとすると、中から白いかたまりが出てきました。食べてみると、とてもおいしいのです。それは、ミルクがヒツジの胃の中で変化《へんか》した物《もの》だと分かりました。これがチーズの始《はじ》まりです。

チーズは、ミルクの中のたんぱくしつがかたまってできた食べ物です。ヒツジの胃ぶくろには、ミルクをかためるはたらきをする物があったのです。人々はくふうして、自分たちの手でチーズを作れるようにしました。

中西 敏夫「ミラクル ミルク」
平成29年度版 学校図書「みんなと学ぶ 小学校 国語 三年下」より

50点

① 三つめのミラクルとは、なんですか。 10点

（　　　　）への変身。

② アラビアの商人が水とうに入れていたミルクは、夕方、どのようなものになっていましたか。 10点

（　　　　）。

③ 「ミルクが……変化した」とありますが、なぜ、変化したのですか。 15点

ヒツジの胃ぶくろには、

（　　　　）。

④ チーズは、どのようにしてできた食べ物ですか。 15点

（　　　　）

食べ物。

仕上げのテスト4

# 41 仕上げのテスト5

月　日　目標時間《もくひょう》 15分

名前

点

**1** 次《つぎ》の詩《し》を読んで、下の問題《もんだい》に答えましょう。　50点

あたらしい歯《は》

与田《よだ》　準一《じゅんいち》

ぽろりと歯がとれた。
あとにはもうべつの歯が
はえかかっていた。
ぼくはねえさんの鏡《かがみ》をもちだしてきて
それを見た。
鏡にそとの雨がうつった。
ぼくはあたらしい歯に
そっとさわった。
なんとなく、くすぐったいとおもった。
おとなになる歯だなとおもった。
そしてうれしくなった。
ぼくはとれた歯をもって外へ出た。
雨はいつかやんでいた。
雲の切れめが青かった。
ぼくはふるい歯を
思いきり高く空へほうりあげた。

与田　準一「あたらしい歯」〈ジュニア・ポエム双書　ゆめみることば〉より

① 歯がとれたあとにはえかかっていた「べつの歯」とは、なんですか。　15点

（　　　　）になる歯。

② 歯がとれたときの外の様子《ようす》に、○をつけましょう。　15点

㋐（　）雲がひとつもなく晴れていた。
㋑（　）雨がふっていた。
㋒（　）雨があがって、青空がのぞいていた。

③ 「ぼくはふるい歯を／思いきり高く空へほうりあげた。」という言葉から、「ぼく」のどんな気持《きも》ちがわかりますか。合うものに○をつけましょう。　20点

㋐（　）ふるい歯がとれてしまって、かなしい気持ち。
㋑（　）自分がおとなになっていくのが、うれしい気持ち。
㋒（　）ふるい歯がとれたことを、早くわすれたい気持ち。

## 2 次《つぎ》の詩《し》を読んで、下の問題《もんだい》に答えましょう。

50点

### さんかくじょうぎ

木村《きむら》　信子《のぶこ》

あたらしい　さんかくじょうぎ
きょう　いちじかんめの
さんすうのじかんに
はじめてつかう
さんかくじょうぎ

てに　もって
かざしてみると　そら
すこしまがっている　そら
まんなかに
おひさまが　きらきら

つくえのうえに　おくと
がいこくの
あたらしい　まち
ぴっかぴっかの　ビルディングが
ならんでいる

木村　信子「さんかくじょうぎ」〈ジュニアポエム双書　41　でていった〉より

① この詩は、どんなさんかくじょうぎについての詩ですか。 15点

（　　　　）さんかくじょうぎ。

② さんかくじょうぎを、てにもってかざしてみると、何が見えましたか。 20点（一つ10）

・（　　　　）

・（　　　　）

③ さんかくじょうぎの持《も》ち主《ぬし》は、どのような気持ちですか。合うものに○をつけましょう。 15点

㋐（　）あたらしいさんかくじょうぎを買ってもらえて、びっくりした。

㋑（　）あたらしいさんかくじょうぎを使《つか》うのが楽しみで、待《ま》ち遠《どお》しい。

㋒（　）あたらしいさんかくじょうぎを使うのがもったいない。

# 答え

3年の 文章読解《ぶんしょうどっかい》

## 1 きほんのドリル P.5・6

❶ ①風のきょうだい　②春のにおい
③なの花畑　④ウ

❷ ①風のきょうだい　②レール　③イ
④ア　⑤カゼイチくん

**おうちの方へ**

❶ ③「さっきまで」は、「カゼイチくん」は「川の上」にいたのです。今の場所は、——線部のあとのせりふからわかります。

❷ ⑤「風」も間違《まちが》いではありませんが、「だれ」という問い方なので、「カゼイチくん」と答えます。

## 2 きほんのドリル P.7・8

❶ ①そでのボタンのかたほう　②広い広い　③イ

❷ ①ウ　②ピンク
③ソノおばさん　④むかしなくしたボタン

**おうちの方へ**

❶ ②「広い広い」と重ね、とても広い様子を表します。

❷ ①ルルちゃんが「イチ、ニ、サン……」と数える様子にも注目します。

## 3 きほんのドリル P.9・10

❶ ①大きなぶなの木の下
②きつつき・くちばし・ぶなの木のみき
③ぶなの木の　④うっとり

❷ ①ウ　②イ　③(れい)しいんとだまって、目をとじて

**おうちの方へ**

❷ ②「きらきらしたきれいな目」から、子ねずみたちの期待に満ちた気持ちが読み取れます。

## 4 きほんのドリル P.11・12

❶ ①りょう理・せんたく　②ウ　③くものす

❷ ①目ざめた　②(川岸の)野いちご　③(朝の)風
④イ

**おうちの方へ**

❷ ④「てくてく」は、やや長い距離《きょり》をひたすら歩く様子です。「ぽとぽと」は、水滴《すいてき》が落ちる様子、「くるくる」は、軽快に回る様子です。

## 5 きほんのドリル P.13・14

**1** ①かいだん・おどり場・長いす ②㋑ ㋒
③図書館の神様

**2** ①パイナップル公園 ②せの高い ③さか立ち
④㋒

おうちの方へ
1 ②最後の段落にサヤの想像したことが書かれています。

## 6 きほんのドリル P.15・16

**1** ①せんたくばさみ ②㋒ ③お母さんエプロン

**2** ①お母さんエプロン・お父さんシャツ〔順不同〕
②（強い）風 ③植木ばちのミニばら ④㋑

おうちの方へ
2 ④布がはためく音は「バッサバッサ」です。「ドタンバタン」は、大きな物がぶつかる音、「ザックザック」は、砂や小石を踏《ふ》む音です。

## 7 まとめのテスト P.17・18

**1** ①かえるたち・春 ②㋐ ㋑ ㋓
③葉っぱの上で、ゆらゆらゆれて、じっと

**2** ①すいせんのそばの土が、ちょろっとうごいた様子。
②㋒ ③（豆つぶみたいな）かえる ④金色

おうちの方へ
2 ①「あれ…か…な？」とあることから、「まだかえるの姿は確認できていない」ということを押さえましょう。

## 8 きほんのドリル P.19・20

**1** ①十分の一 ②落ち葉 ③歯
④㋐3 ㋑1 ㋒2

**2** ①千びき ②一ミリメートルの半分 ③㋒ ④㋐

おうちの方へ
2 ①間違《まちが》えて「五万びき」と書いたときは、「両手で土をすくったら」という言葉に注目します。

## 9 きほんのドリル P.21・22

**1** ①「くず」の根っこ ②薬草 ③㋐ ㋒ ㋓
④でんせん病

**2** ①㋐ ㋒ ㋓ ②どく・薬の作り方 ③薬と農業

おうちの方へ
1 ①「くず」だけでも、「根っこ」だけでもなく、「『くず』の根っこ」と答えましょう。

## 10 きほんのドリル P.23・24

**1**
①さばくの船　②㋑　㋒
③エネルギー・あぶら・かたまり
④㋐3　㋑1　㋒2

**2**
①すなあらし・強い日ざし・夜の寒さ［順不同］
②あ㋒　い㋐　③六千年　④4

**おうちの方へ**
**1** ③こぶの中身について、第三段落で説明しています。
**2** ④第一～三段落で「らくだ」について説明し、最終段落で初めて「人」との関係が述べられています。

## 11 きほんのドリル P.25・26

**1**
①五つ　②㋐2　㋑4　㋒1　㋓3
③コムギの実・小麦粉

**2**
①㋐　㋑　㋒　②つぶのまま・こなにして

**おうちの方へ**
**1** 最初に何について書いた文章かが述べられ、続いて「まず」「つぎに」「そのあと」と、順序を表す言葉を用いて説明されていることに注目しましょう。
**2** ②初めの段落に「では、どうして、……でしょう。」と問いかけがされていることに注目しましょう。

## 12 まとめのテスト P.27・28

**1**
①うしろ足　②からだ・まえ足
③右まえ足がやぶったはずのひふに、きずあとがすこしものこっていないこと。

**2**
①㋐1　㋑4　㋒3　㋓2
②㋐　③子ガエル

**おうちの方へ**
**1** ②「とつぜん」「とびだしました」とあることから、体の中で前足ができあがっていたことがわかります。
**2** ③「カエル」でも正解です。

## 13 きほんのドリル P.29・30

**1**
①五けん　②とくべつなノート
③㋑　④イトウ屋

**2**
①㋐　㋒　②㋒　③「いいもの」
④学校が楽しくなる

**おうちの方へ**
**1** ②・③・④主人公の行動の目的をとらえる問題です。
**2** ④第一段落の「学校へ来るのが心細かった」という部分に着目します。そんな「花ちゃん」のために教えてくれた方法です。

## 14 きほんのドリル P.31・32

1 ①ア ②分からないように ③うきうきした ④さんぽ

2 ①じんざ ②そば ③お見まい ④ア

おうちの方へ
1 まず、ライオンがサーカスのライオンであること、名前が「じんざ」であることをおさえましょう。

## 15 きほんのドリル P.33・34

1 ①(1)ウ (2)ア (3)エ ②ピエロ ③おどけて・くらいみぞ

2 ①（れい）じんざの顔に毛が生えているように見えたから。 ②ウ ③男の子・着いた（入った）

おうちの方へ
2 ③男の子が部屋に向かったという記述はありませんが、部屋に灯《ひ》がともったあと、男の子が部屋の窓から顔を出したことからわかります。

## 16 きほんのドリル P.35・36

1 ①目を細くする様子。 ②ウ ③ア

2 ①イ ②ウ

おうちの方へ
1 ①「目を細くする」とは、目を細めてほほえみをうかべることです。

## 17 まとめのテスト P.37・38

1 ①ア ②（店番をしながら、）あたらしいセーターをあむつもり。 ③大いそぎで、町へでかけるしたくをした。

2 ①ウ ②わか者にばけていた ③サクラさんの店 ④顔がキツネにもどってしまった。

おうちの方へ
1 ①サクラさんが、「この雨じゃ……」と考えていることから、雨が降っていることがわかります。

## 18 きほんのドリル P.39・40

1 ①雨 ②しかし ③あウ いア ④イ ウ エ

2 ①イ ②水 ③あウ いイ ④動物・すなあらし・太陽の光［順不同］

おうちの方へ
2 ④サボテンを食べてしまう「動物」にも注目します。

## 19 きほんのドリル P.41・42

**1**
①交通 ②(あ)㋒ (い)㋐
③そして…㋑ しかし…㋐
④「足」を使ったときに出るごみやガス

**2**
①(あ)㋒ (い)㋐ (う)㋑
②かんきょう・けんこう［順不同］ ③それでは
④㋑

**おうちの方へ**

**1** ②「つまり」のあとには言いかえや説明が続きます。

**2** ③内容をおさえましょう。前半は「自転車」の長所、後半は「最初の自転車」について述べています。

## 20 きほんのドリル P.43・44

**1**
①太陽の光や水 ②虫・よう分 ③㋒ ④㋓

**2**
①二まい貝が開いた ②㋐1 ㋑3 ㋒2
③消化・きゅうしゅう ④食虫植物・やせた

**おうちの方へ**

**1** ③「それ」は、「消化」する直前の段階なので、「とらえた虫」です。さそっただけでは、消化できません。

**2** ④「やせた土地」とは、養分が少なく、草木を成長させる力の足りない土地のことです。その反対が、「よう分ゆたかな土地」です。

## 21 きほんのドリル P.45・46

**1**
①なえを植えた ②㋒ ③太く・ひくかった
④風がイネをなでる

**2**
①くだものが色づくとき
②エチレン ③㋐ ㋒ ㋔ ④エチレンのしげき

**おうちの方へ**

**2** ①すぐ前の「くだものが色づくときにも、たくさんのエチレンを出します。」に着目します。
③これより前の文章全体の内容を指しています。
④「しげき」とは、外からの働きかけのことです。「エチレンの合図」でも正解です。

## 22 まとめのテスト P.47・48

**1**
①ざいりょう ②(あ)㋒ (い)㋑ (う)㋓ (え)㋐
③石の家・わらや木の家 ④かべ土・わら

**2**
①(あ)㋒ (い)㋑ ②㋐ ③チチカカ湖
④湖・トトラ

**おうちの方へ**

**1** ①「石」「わら」「木」など、「家」を作る「ざいりょう」が、話題の中心です。

**2** ①「たとえば」は、前で説明したことの例を、あとで挙げるときに使います。

## 23 きほんのドリル P.49・50

**1** ①㋒ ②チョウ

③㋒ ④がっかり

**2** ①走れない ②㋑

③チョウになって原っぱをとんだ。

④楽しい

**おうちの方へ**

1 ①青虫から成長し、「空をとべたとき」の誇《ほこ》らしい気持ちです。

2 ③後の部分に着目します。「楽しい気分」の内容が、ハヤトが夢の中で体験したことです。

## 24 きほんのドリル P.51・52

**1** ①くやしさ ②おどろいた。 ③㋒

**2** ①追いつく ②速い ③㋑

④[れい]自分も楽しかったという気持ち。

**おうちの方へ**

1 ③「心の中で手をふった。」という表現から、くやしかったはずの主人公の気持ちが大きく変化したことを読み取ります。

2 ④「ぼくも楽しかった。」と言う「かわり」の動作です。「〜気持ち。」という形で答えます。

## 25 きほんのドリル P.53・54

**1** ①つりばしをわたるれんしゅう ②㋐

③あのときのうれしかったこと！

**2** ①はしの上にいるところ・みつけられてしまった

②㋒ ③㋑

**おうちの方へ**

1 ①「それ」という指示語が指す内容は、それより前にあることを押さえましょう。

2 ③「のこりはんぶん」を「わたれない」のではなく、「わたれるかわからない」と思っています。

## 26 きほんのドリル P.55・56

**1** ①㋐ ㋒ ②[れい]まっ赤な色紙をきりぬいたような、あざやかに赤い色。 ③（上から）㋑・㋐

**2** ①あえなく・わたる ②㋒ ③㋒

**おうちの方へ**

1 ③初めは「どうしよう。……。」と不安だったきつねのこの気持ちが、赤いもみじを見たことで、明るい気持ちに変化したことをとらえます。

2 ②「あえる……あえる……。」とあるように、つりばしをわたりきりたい一心で、自分を奮い立たせていることがわかります。

## 27 まとめのテスト P.57・58

1 ①空いっぱいのかみの毛・両手　②（れい）こわい
③・（れい）いっしょにねている一まいしかないふとんを、ぬらされるよりいいから。
・（れい）自分とたった二人でくらしている豆太が、かわいそうで、かわいかったから。

2 ①㋐
②真夜中・ぼうっとかがやいて・モチモチの木

**おうちの方へ**
2 ①「こんな冬の真夜中に……ぶるぶるだ。」から、豆太の気持ちを読み取りましょう。

## 28 きほんのドリル P.59・60

1 ①海　②生命のふるさと
③あせ・おしっこ・仕組み・しょっぱさ

2 ①血えき
②かんせん…皮ふ　るいせん…うわまぶた
③㋐2　㋑3　㋒1　④㋑

**おうちの方へ**
2 ④いずれも、4の段落に書かれている内容ですが、病院での治療《ちりょう》やじんぞうの大きさは、じんぞうが高度な仕事をすることを強調するための例です。

## 29 きほんのドリル P.61・62

1 ①1　②あせをかく　③㋐　㋑　㋓　④㋐

2 ①三　②なみだ　③落ち着かせる　④㋒

**おうちの方へ**
1 ①文末に注目します。1の段落の最初の文が、「……でしょうか。」という問いかけになっています。
2 ④3の段落の二番目の文が、話題の中心の内容です。

## 30 きほんのドリル P.63・64

1 ①ことわざを集めて作ったかるた。
②ちえや教え
③読みふだ…㋐　取りふだ…㋒

2 ①美しいけしきや世の中の出来事、人の気持ちなど。
②読みふだ…㋒　取りふだ…㋑
③すぐに取りふだをさがすこと（ができる）。

**おうちの方へ**
1 ③「いろはかるたの読みふだには……絵がかかれます。」の部分に注目します。ことわざの説明は書かれていないので、㋑は間違《まちが》いです。
2 ①「どのようなことが表されていますか」という問いなので、文章中の、「……が表されています。」という説明を答えましょう。

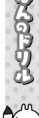

## 31 きほんのドリル P.65・66

**1** ①貝おおい ②表の色やもようが全く同じ・ぴたりと合い ③・二まいを合わせて組を作ること。
・美しい絵をかくこと。

**2** ①㋒ ②㋑ ㋓ ㋔ ③先人のちえがつまった、大きなおくり物でもある。

**おうちの方へ**
2 ③筆者は、いろはかるたや百人一首の特徴《とくちょう》について述べ、それらのまとめとして、最後の段落でかるたについて自分の考えを述べています。

## 32 まとめのテスト P.67・68

**1** ①ほにゅう動物 ②㋐ ㋓ ③お母さんのミルク・いろいろな動物のミルク［順不同］ ④一回にとれるりょうが、他の動物にくらべてとても多いから。

**2** ①（右から）二・一・三 ②今のエジプトの近くに住む人たち。 ③㋐2 ㋑3 ㋒1

**おうちの方へ**
2 ③ヨーグルトがどのようにできたかは、三番目の段落に書かれています。

## 33 きほんのドリル P.69・70

**1** ①あっつあっつ ②(1)3 (2)4 ③目 ④ぼく…きりん あたし…うさぎ わし…ぞう おれさま…へび ⑤じまん

**2** ①もしも ②㋒ ③㋒ ④あわわのわ…㋓ えへへのへ…㋑

**おうちの方へ**
1 ⑤詩の題名の「じまん大会」に注目しましょう。
2 ④「しゅくだい」に「お絵かき」をされてあわてて、「お兄ちゃん大すき。」と言われて喜んでいます。

## 34 きほんのドリル P.71・72

**1** ①かえる ②春・地上 ③ああいいにおいだ。 ④㋐

**2** ①キララ子たち ②とびあがったりもぐったりしてのおにごっこ。 ③れい 自分のひたいにキララ子がうつったこと。 ④㋒

**おうちの方へ**
1 ①②題名のあとに書かれている説明に注目しましょう。
2 ④「天の天まで見え透《す》くようだ。」という表現から、空が高く澄《す》みわたっている様子がわかります。

## 35 きほんのドリル P.73・74

**1** ①かぜをひいているようにはなをつまらせて鳴く
②りっぱ・ほかのセミ
③ミンミンゼミは／セミの王さまだ。

**2** ①二つ ②㋒ ③夕日(太陽) ④㋐

**おうちの方へ**

**2** ②「夕日がせなかをおしてくる」とあるので、「まっかなうで」の持ち主は、夕日であり、「うで」は、夕日から出ている光であることがわかります。

## 36 まとめのテスト P.75・76

**1** ①すみえ ②まっ青な空に すいこまれていく
③うたっている・こだましている・いきている ［順不同］

**2** ①三つ
②いいお天気ですねといって・
友だちみたいな顔して・
ふわふわしあわせそうに・
さん歩みたいに気軽に ［順不同］

**おうちの方へ**

**1** ③第三連では、山びこのことを表現しています。山びこが何度も繰《く》り返し聞こえる様子を「いきている」と表しています。

## 37 仕上げのテスト1 P.77・78

**1** ①ひだまりの中にすわっているような気もち。
②うれしさをかくしきれないといったようす。 ③㋒

**2** ①油あげ
②(ひる、) いなりずしをつくって、ごちそうするとやくそくしたから。 ③せすじ・ほこらしげ

**おうちの方へ**

**1** ③「そういわれてもねえ……」という会話から、サクラさんがとまどっていることが読み取れます。

**2** ③「ぼく、……してるんです」という言葉の前に、キツネの若者が話す様子が書かれています。

## 38 仕上げのテスト2 P.79・80

**1** ①くまみたいに体を丸めてうなっていた。
②㋒ ㋓
③れい ふもとの村へ、医者様をよびにいくため。

**2** ①真夜中 ②いたくて、寒くて、こわかったから。
③大すきなじさまが死んでしまうこと。 ④㋑

**おうちの方へ**

**1** ③じさまの様子が悪くなっているのを見て、豆太は医者様を呼びに行こうと決心したのです。

**2** ①「夜」でも正解です。

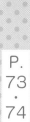

## 39 仕上げのテスト3

P.81・82

1 ①おたまじゃくし…やわらかい水草
カエル…小さな生きもの
②うごいている
③うごき・えものをさがす

2 ①すみかや、きせつ・からだの色をかえる
②目、ひふ、ゆびさきなど
③てきからみをまもる

**おうちの方へ**

1 ②――線部の直前の「うごいているえさならなんでもとります。」という文に注目しましょう。

2 ①「そのしくみ」の「その」は、前に述べられた内容を指します。ここでは、最初の一文のことです。二文目は、一文目の内容の具体例です。

## 40 仕上げのテスト4

P.83・84

1 ①二 ②しぼう・クリーム
③高級なぬり薬やけしょう品 ④ウ

2 ①チーズ ②白いかたまり
③ミルクをかためるはたらきをする物があったから。
④ミルクの中のたんぱくしつがかたまってできた

**おうちの方へ**

2 ③答えが――線部から離《はな》れていて、なかなか見つけられない場合は、その次の段落に注目して、答えが書かれた一文を探しましょう。

## 41 仕上げのテスト5

P.85・86

1 ①おとな ②イ ③イ

2 ①あたらしい ②そら・おひさま［順不同］
③イ

**おうちの方へ**

1 ②「鏡にそとの雨がうつった。」とあります。
③第二連の「おとなになる歯だなとおもった。／そしてうれしくなった。」という二行に注目します。

2 ③アは、「びっくりした」様子が詩の中に書かれていないので、間違《まちが》いです。作者は、「さんかくじょうぎ」を手に持ってかざしたり、机の上に置いたりして、使うのを楽しみにしています。